# 新お役立ちトク本

すぐに使える
社会保障
活用術

しんぶん赤旗日曜版編集部

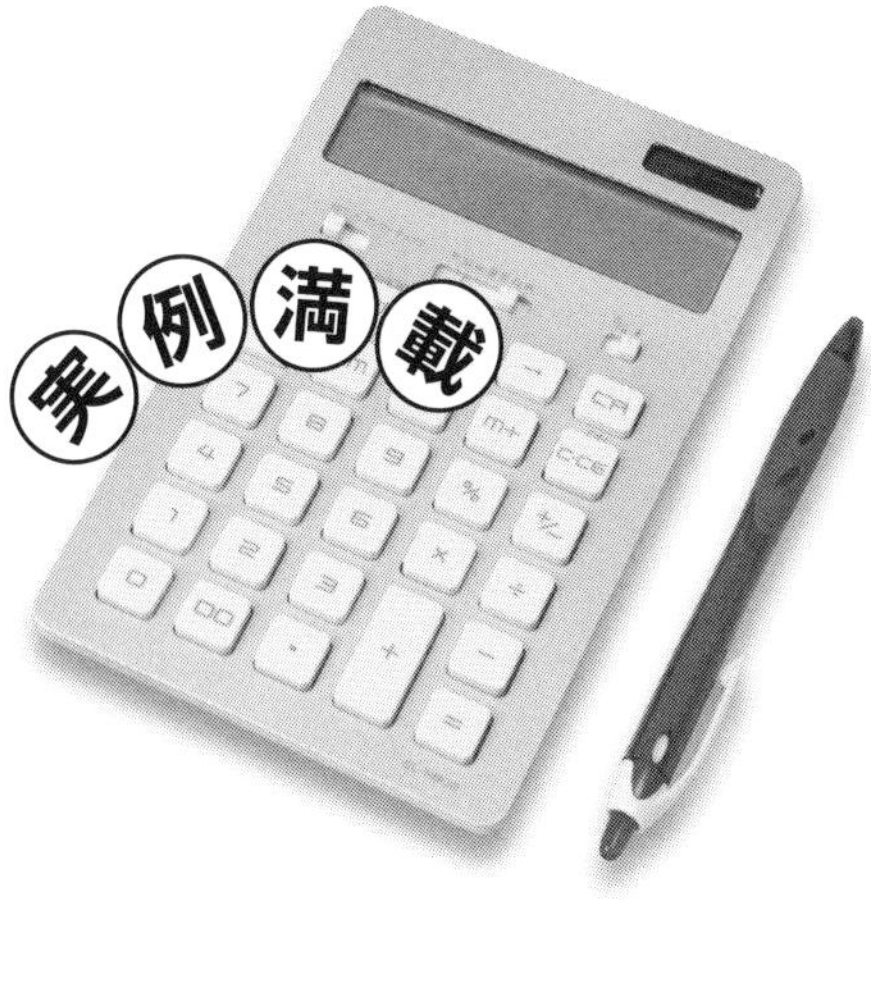


新日本出版社

# まえがき

「しんぶん赤旗」日曜版で大好評の「お役立ちトク報」をまとめた前著、『お役立ちトク本』（新日本出版社、２０１５年）は、「本になってうれしい」「ぜひ手元に置いておきたい」といったうれしい反響が相次ぎました。本書はその続編です。主に１５年９月〜１８年９月に掲載された記事をまとめ、最新の情報で補正しています。

社会保障制度は、憲法25条の生存権に基づく国民の権利です。しかし、行政による制度は不十分である上、周知徹底もされていません。利用するには原則として申請が必要なため、知らなければ申請できません。制度を知ることで、国民の権利として活用してほしいとの思いから始めたのが、日曜版のシリーズ「お役立ちトク報」です。

１８年２月、約１３９万人の老齢年金が過少支給になる大問題が起き、いち早く年金を取り戻す方法を紹介しました。「年金が減っていて、なぜなのか分からないでいた。日曜版の記事を読んで『これだ』と思いました」「諦めていたが、申告書の提出をやってみたい。すごい記事に感謝です」などの声が続々と寄せられました。

高額の請求もある入院時の差額ベッド料では、〝「大部屋が満床」という理由では請求できない〟という厚生労働省の新通知（18年3月）を報道。「読者の方はもちろん、日本中の方々が知っておくとよい情報だと思いました」「初めて知り、勉強になりました。入院した際はバッグに新聞記事をお守り代わりに入れていこうと思います」など大反響でした。新通知はその後、全国紙や週刊誌も取り上げました。

このように、前著に載っていない新たな問題や新たな制度・通知を、豊富で分かりやすい具体例とともにお届けしています。前著にも載っていた「認知症でも障害者手帳」などでも、自分が対象になるのかどうかや、手続きの方法などをより分かりやすく紹介しています。「お役立ちトク報」は、川田博子、坂本健吾、藤川良太の各記者が担当しました。多くの方に本書が届き、活用していただけることを願っています。

2018年10月10日

しんぶん赤旗日曜版担当デスク　坂本　健吾

※登場人物の年齢や肩書は、「しんぶん赤旗」日曜版掲載時のものです。その後亡くなられた方もいますが、ご遺族の了解を得て掲載しています。

新・お役立ちトク本　目次

# 第1章　年金編

## 年金過少支給――今からでも取り戻せる！

２０１８年2月15日に支払われた老齢年金額が前回より減っている！　年金事務所で預金通帳を手に訴える人も――。約１３９万人の年金が過少支給になる大問題が起きました。１７年に「扶養親族等申告書」の形式が変わって未提出が増えたことに加え、日本年金機構側のミスが重なったためです。減らされた年金は今からでも取り戻せます。

### ◆あれ？　年金が減っていた

「えっ、何で？」。１８年2月上旬、自宅に届いた年金振込通知書を確認した福岡市の川崎耕二さん（75）は目を疑いました。年金振込額（2カ月分）が約2万円も減っていたからです。

保管していた１７年10月の通知をみてみると、このときの「所得税額および復興特別所得税額」はゼロ。しかし18年2月の通知では「2万312円」。その分を年金から天引きされたため、振込額が約2万円減ったのです。

妻の清子さん（79）の通知も、17年はゼロだった「所得税額および復興特別所得税額」が1万9899円に。その分、年金振込額が減っていました。

「月13万円ほどの年金でギリギリの生活をしているのに、2万円も減らされたらたまったもんじゃない」と耕二さん。しかし、考えても年金が減らされる理由が思い浮かびません。

**年金振込通知書　税額が増えた**

| | 17年10月の通知<br>平成30年2月の支払額 | 18年2月の通知<br>平成30年2月の支払額 |
|---|---|---|
| 年金支払額 | ＊＊＊＊286,266円 | ＊＊＊＊286,266円 |
| 介護保険料額 | ＊＊＊＊＊12,600円 | ＊＊＊＊＊12,600円 |
| 後期高齢者医療保険料額 | ＊＊＊＊＊＊8,400円 | ＊＊＊＊＊＊8,400円 |
| 所得税額および復興特別所得税額 | ＊＊＊＊＊＊＊＊＊＊0円 | ＊＊＊＊＊20,312円 |
| 個人住民税額 | ＊＊＊＊＊＊2,400円 | ＊＊＊＊＊＊2,400円 |
| 控除後振込額 | ＊＊＊＊262,866円 | ＊＊＊＊242,554円 |

川崎耕二さんの通知書から

## ◆申告書はがきが封書になった

そこで、日本年金機構の電話相談窓口「ねんきんダイヤル」に問い合わせました。すると扶養親族等申告書が未提出だと言われました。

この申告書は、所得税の課税対象となる老齢年金受給者に毎年送られてきているもの。必要事項を書いて返送しないと、所得税の控除がきちんと適用されず、年金から天引きされる所得税が大幅に増え、受け取る年金額が減ります。しかも扶養親族がいない人も申告書は出さないといけない仕組みです。

日本年金機構は17年8～9月、扶養親族等申告書を発送。16年まではがき形式だったものが、17年はA4判の3分の1程度の封筒（用紙はA3判）にガラリと変わりました。マイナンバーや扶養親族の記載内容が増え、はがき形式ではスペースが足りなくなったためです。

川崎さん夫妻は16年まで毎年、はがきをきちんと返送してきました。ところが、17年は突然封筒に変わったため、いつも返送しているはがきと同じものだとは思いませんでした。

しかも封筒を開いて目に飛び込んできたのは「扶養親族」の文字。川崎さん夫妻は税法上の扶養関係になく、自分たちには関係ないと判断しました。耕二さんは「新しい申告かと思った。マイナンバーカードも受け取っていないし、出す必要がないものと思った」と話します。

## ◆扶養親族がいなくても提出が必要

耕二さんの周りには、扶養親族がいないため扶養親族等申告書を提出しなかった人が複数います。同じマンションに住む立木松雄さん（77）もその一人です。

立木さんは約20年前に妻に先立たれ、1人暮らし。そのため、17年は扶養親族等申告書を出しませんでした。すると18年2月、年金が約2万円（2カ月分）減額される通知が届きました。「年金を減らされると知っていれば、申告書を出していた。年金を受け取っているのは高齢者であり、分かりやすく説明してもらわないと理解できない。丁寧な対応をしてもらいたい」（立木さん）

前出の耕二さんは言います。「僕の周りでは、復興所得税が増えたためと間違え、しょうがないと減額を受け入れようとしていた人もいる。今からでも申告書を出す必要があると丁寧に知らせるべきだ」

川崎さん夫妻と立木さんは、すぐに扶養親族等申告書を提出しました。１８年4月の支払い時に、２月にさかのぼって是正された年金が振り込まれました。

**◆手続きに行ったら誤った対応をされた**

年金過少支給問題では、年金事務所の誤った対応も起きています。

秋田市の鈴木豊さん（83）は１８年2月12日、年金振込通知書を受け取り、年金振込額が約3万円（２カ月分）も減っていることを知りました。翌日、地元の年金事務所を訪問。総合受付窓口で「年金額が減っているので理由を知りたくて来た」と伝えました。

すると窓口の職員から、相談は予約制になっているので「今日はできない」と説明されました。改めて来所できる日を聞かれ、その日は帰りました。

**Q１．相談は事前の予約が必要？　→A．そんな決まりはない**

年金事務所の誤った対応の一つは、予約がないと相談できないと言ったことです。

【日本年金機構の回答】

予約がない一般の人の相談窓口もあります。予約がないと相談を受け付けない年金事務所はありません。ただ、お客様が多く、待ち時間が長くなることもあるので予約していただくとスムーズです。

## Q2．マイナンバー記載は義務？ →A．なくても受理します

2月15日、鈴木さんは改めて年金事務所を訪れました。そこで、扶養親族等申告書の未提出が原因と告げられました。提出するため、申告書の記載が必要な場所に鉛筆で丸印を書いてもらいました。その一つがマイナンバーを記載する場所でした。

「番号は分からない」と鈴木さん。しかし担当者は、丸印の場所は「全部、書かないとダメだ」と言い、マイナンバーが書かれている住民票を取ってくるよう指示しました。鈴木さんは役所に行って住民票を取り、年金事務所に戻ってマイナンバーを書きました。

マイナンバーを書かないと受け付けないのか――。

【日本年金機構の回答】

マイナンバーの記載がないことのみをもって申告書を受理しないということはありません。それは機構のホームページにも書いてあります。話が事実であれば、対応は正しくありません。「マイナンバーを記載しません」と明確に意思表示をしてもらえれば受け付けます。

## Q３．年金事務所が受理しない？　→A．その対応は正しくない

申告書に必要事項を書き終えた鈴木さん。申告書を年金事務所に提出しようとしましたが、自分で日本年金機構に送るよう言われました。

事務所で提出を受け付けないのか――。

**〔日本年金機構の回答〕**

年金事務所でお客様が提出を希望する書類を受け付けないという対応は正しくありません。書類提出の期限の関係で、直接送付した方が処理が早い場合、提案をすることはあります。それでも「この場で出していきたい」と申し出があれば受理します。

鈴木さんのケースについての日曜版編集部の取材に年金機構は誤りを認め、「指導、改善したい」と約束しました。

### ◆赤旗日曜版で３万円助かった

「本当に良かった」。東京都東村山市の石倉健さん（84）と昌代さん（82）の夫妻は、１８年４月９日に届いた年金振込通知書を手に喜びました。２月に過少支給となった健さんの年金３万４５１０円（２カ月分）が振り込まれると書いてあったからです。

健さんは17年に届いた扶養親族等申告書を一生懸命書いて、送り返しました。しかし、配偶者の所得のチェック漏れなどで2回返送。最後の提出は期限後の18年1月となりました。「これまで（16年まで）は『変更なし』にチェックを入れるだけだった。今回（17年）も変更がなければ名前を書いておけば大丈夫だと思っていた。急に形式を変えられても、この年では細かい字を読みこなすことは大変で、理解するのが難しい」（健さん）

18年2月に年金振込通知書が届き、昌代さんは健さんに聞きました。「何で3万円以上も減っているの？」

健さんは、通知に載っていた「ねんきんダイヤル」に電話しましたが、まったくつながりません。

そんなときに読んだのが、年金過少支給問題を報じた日曜版（18年2月25日号）でした。記事にあった「源泉徴収お問い合わせダイヤル」（18年7月31日終了）に電話するとすぐにつながり、2月の過少支給分が4月に払い戻されることが分かりました。

健さんは語ります。「（赤旗）日曜版の記事はバッチリでした。税金が増えたのだと諦めてしまう受給者もいるのではないか。年寄りをいじめるようなやり方はしないでほしい」

## ◆出し忘れた年の分10万円返ってきた

老齢年金から取られすぎた税金は、最大過去5年さかのぼって請求できます。

「日曜版の記事を見ていなかったら、取り戻せなかった」。こう喜びを口にするのは、大阪府富田林市の林恵子さん（65）。年金過少支給問題を取り上げた日曜版の記事（18年2月25日号）を読み、18年2月に確定申告をおこないました。その結果、過大に天引きされていた17年の所得税約10万円が戻ってきました。

林さんは16年10月ごろ、扶養親族等申告書を受け取りました。毎年、必要事項を書いて出していましたが、その年に限って忙しさに追われて書類をしまい込み、出し忘れてしまいました。

その結果、翌17年2月に振り込まれた年金額は前回分より約1万8千円（2カ月分）減っていました。驚きましたが、安倍政権による年金引き下げだと思い込んでいました。

17年秋、また扶養親族等申告書が届き、忘れずに提出しました。

今度は、18年2月に振り込まれた年金額が約2万1千円（同）も増えました。不思議に思い、夫の研《きわむ》さん（68）に相談しましたが、理由は分かりません。

そんなとき、目にしたのが、年金過少支給問題を取り上げた日曜版の記事でした。

「これじゃないか」。記事を読んだ研さんが声をかけました。恵子さんは、すぐに年金通知にあった公立学校共済組合に電話しました。

振り込まれた年金額が減ったり増えたりした理由が分かりました。16年に申告書を提出しなかったため、17年に天引きされる所得税額が過大になり、その分、年金が過少支給になったのです。17年は申告書を提出したので、18年は年金が増えました。確定申告をすれば、払いすぎた所得税を取り返すことができることも分かりました。ちょうど確定申告の時期だったため、国税庁のホームページから確定申告書を見つけることができました。

必要事項を打ち込み、書類を印刷。18年2月26日、地元の税務署に提出しました。1カ月もたたずに、払いすぎた所得税約10万円が無事、銀行口座に振り込まれました。

恵子さんは話します。「私のように知らないうちに税金を取られすぎている人もいると思う。そういう人はぜひ取り返してください。書類の作成も簡単でしたよ」

### ◆扶養親族等申告書とは

扶養親族等申告書は、毎年秋ごろ、老齢年金の受給者のうち、所得税の課税対象となる人（65歳未満は年金額108万円以上、65歳以上は同158万円以上）に送られます。

申告書を提出しないと、公的年金等控除、基礎控除、配偶者控除、扶養控除、障害者控除など各種控除がきちんと適用されず、所得税率も2倍になります。そのため、年金から天引きされる所得税額が過大となり、その結果、口座に振り込まれる年金額が過少になります。扶養家族がいない人も提出が必要です。ご注意ください。

## ◆5年さかのぼって請求できる——税理士・清水和雄さん

扶養親族等申告書を出し忘れてしまった場合、年金以外に所得がある人とみなされて、源泉所得税が多く徴収されてしまいます。その際は確定申告をおこなえば、多すぎた税金を返してもらうことができます。

11年分から公的年金収入の合計額が400万円以下で、それ以外の所得金額も20万円以下の場合、確定申告が不要になりました。

このため確定申告は「不要」と思い込み、必要な確定申告をおこなわず、所得税を徴収されすぎたままになるケースがあるのです。

ステップ1

まずは所得税を徴収されすぎていないかどうかの確認です。二つの方法（18ページの手順を参照）があります。

清水和雄さん

一つは、自分の源泉徴収票で確認する方法です。見るのは「源泉徴収税額」の部分。この金額が、年金から天引きされた所得税です。年金支給額の7パーセント近い「源泉徴収税額」が差し引かれていたら要注意。扶養親族等申告書が未提出のため、年金から所得税を徴収されすぎている可能性があります。

目安となる「源泉徴収税額」を、申告書を提出した場合と未提出の場合で試算してみました（表）。参考にしてください。

もう一つは、日本年金機構や共済組合に直接問い合わせる方法です。年金の通知に連絡先が載っています。

ステップ2

年金から所得税が徴収されすぎていたら、還付を受けるために確定申告の準備をします。

## 1 年金から税金を取られすぎていないかチェック！

方法は二つ

**源泉徴収票で確認**

見るのは**「源泉徴収税額」**です。**下表**の試算と税額を比べてください

**日本年金機構や共済組合に問い合わせ**

**「私の扶養関係の書類はどうなっていますか？」**と聞いてみてください

▶源泉徴収票

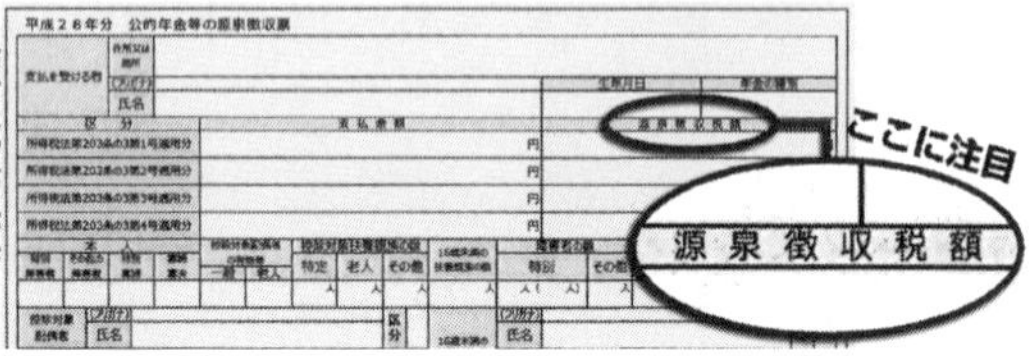


| 表　源泉徴収税額の試算 | | | 年金収入が200万円（社会保険料は12万円） | 年金収入が300万円（社会保険料は18万円） |
|---|---|---|---|---|
| 申告書を提出 | 65歳未満 | 扶養親族なし | 約3万 624円 | 約6万5844円 |
| | | 控除対象配偶者あり | 約1万 716円 | 約4万5936円 |
| | 65歳以上 | 扶養親族なし | 約1万3272円 | 約6万1260円 |
| | | 控除対象配偶者あり | 源泉所得税無し | 約4万1340円 |
| 申告書が未提出の場合 | | | 約14万3952円 | 約21万5940円 |

※社会保険料は自治体や家族構成で異なります

⬇取られすぎていたら次へ

## 2 「公的年金等の源泉徴収票」を用意

年金額と天引きされた所得税額（源泉徴収税額）が分かります。日本年金機構や共済組合に問い合わせれば過去にさかのぼって再発行できます。

⬇準備ができたら次へ

## 3 確定申告を行う

方法は二つ

**管轄の税務署に相談**

**源泉徴収票、印鑑、身分証明書（保険証など）を持参**

「『年金の確定申告をしたい』と言っていただければ担当者が対応します。来署前に一度連絡いただければ、事情をお聞きして必要な書類をお伝えしたり、来ていただく日時の指定をしたりできます」（国税庁広報室）

**パソコンで申告書を作成**

❶**「国税庁　確定申告」**で検索

❷**「所得税（確定申告書等作成コーナー）」**で案内に従って必要書類を作成

❸作成資料を印刷、押印して、郵送または管轄の税務署に持参

**★どうしてもわからない時は、お近くの税務署にお問い合わせください**

○管轄の税務署や連絡先は市町村の役所などで分かります。

○管轄の税務署に電話して、音声案内に従って１番を押すと「電話相談センター」につながります。

まず源泉徴収票を用意します。手元になければ日本年金機構や共済組合で再交付してもらえます。

徴収されすぎた税金は、最大５年さかのぼって還付を受けることができます。さかのぼる際に、対象となる年の源泉徴収票がないときは再交付してもらいましょう。

年金機構や共済組合で源泉徴収票を再交付してもらう際、基礎年金番号や身分証明書（健康保険証や免許証など）が必要です。

ステップ３

確定申告は、居住地域を管轄する税務署に直接行って提出する方法と、パソコンを使って申告書を作成する方法があります。

どちらも、戻ってくる所得税の振込先の記載が必要です。振込先の金融機関名、支店名、口座の種類、口座番号などを用意しておきましょう。

パソコンを使う場合は、まず「国税庁　確定申告」で検索して、国税庁の「所得税（確定申告書等作成コーナー）」のページを探してください。見つけたら、案内に従って必要事項を記入してください。記入が終わったら申告書を印刷して、押印し、郵送します。

### ◆約８１０万人に新申告書――出さないと年金が減る

新しい扶養親族等申告書の送付が１８年９～10月におこなわれました。対象は約８１０万人。

約139万人の年金過少支給問題を受け、申告書の形式は17年から大きく変わりました。新しい申告書の書き方のポイントは——。

## 前回から「変更なし」の人

申告書はA4判1枚で、表裏の両面に記入欄があります。表面の左上「ア」の部分に○をし

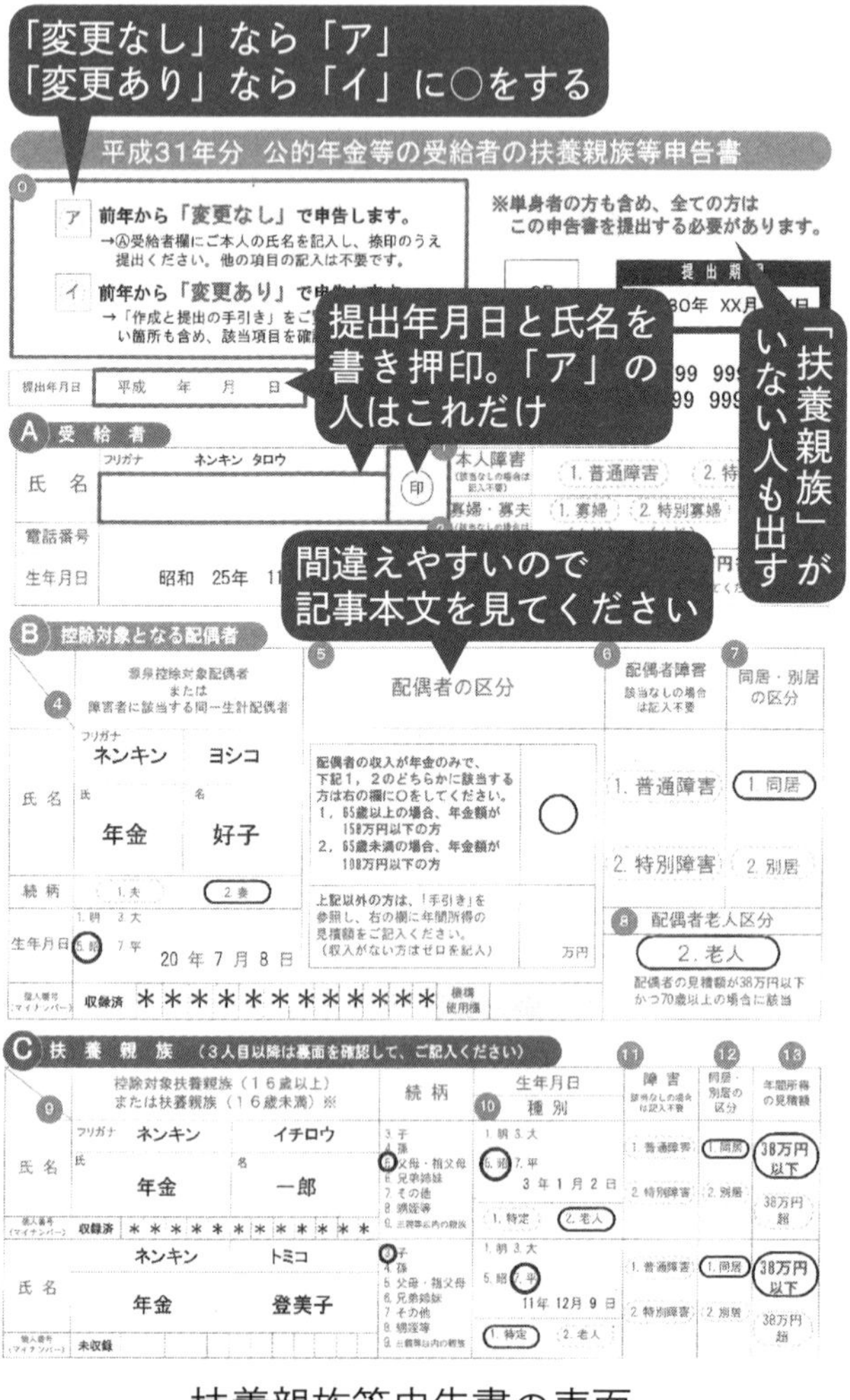


扶養親族等申告書の表面

ます。後は提出年月日と氏名を書き、ハンコを押すだけです。

同封の返信用封筒に切手を貼って出します。年金事務所でも受け付けています。

**前回から「変更あり」の人**

表面、左上の「イ」に○をします。

受給者本人に変更がある場合、「A　受給者」の欄を見てください。

「普通障害」「特別障害」に当てはまるときは、該当箇所に○をつけ、裏面の「D　摘要欄」に氏名、障害者手帳名、等級、交付日などを書きます。

「寡婦」「特別寡婦」「寡夫」に当てはまるときは、該当箇所に○をつけ、裏面の「D　摘要欄」に所得などを書きます。

控除対象となる配偶者や、扶養親族に変更がある場合は「B　控除対象となる配偶者」「C　扶養親族」の欄を見てください。

「普通障害」「特別障害」に当てはまるときは該当箇所に○をつけ、裏面の「D　摘要欄」に氏名、障害者手帳名、等級、交付日などを書きます。

「別居」に○をつけた場合や別居者の住所が変わっている場合、裏面の「D　摘要欄」に氏名、住所を書きます。

印刷された前回の申告内容で、違うところは二重線で消します。

**間違えやすい「配偶者の区分」**

間違えやすいのがB欄の❺「配偶者の区分」です。

配偶者の収入が年金だけの場合、▽65歳以上で158万円以下▽64歳以下で108万円以下――なら○をします。

それ以外の人は「所得」を書きます。「所得」は「収入」とは違います。

配偶者の収入が年金だけの場合、65歳以上で158万円超～330万円未満なら、120万円を引いた残りが所得です。64歳以下で108万円超～130万円未満なら、70万円を引いた残りが所得です。

マイナンバーなしでも受理

申告書にはマイナンバーを書く欄があります。しかし、申告書の裏面に「個人番号（マイナンバー）の記入がない場合でも、記入がないことのみをもって申告書を受理しないことはありません」と明記しています。

## 諦めていた年金受け取れた――受給資格期間が10年に

### ◆52万円の年金を受給

2017年8月から、老齢年金の受給資格期間が従来の25年から10年に短縮されました。新たに受給資格を得た人には、１７年９月分から年金が支給されます。ただし、年金を受け取るには、請求の手続きが必要です。

神奈川県南足柄市の川辺正義《まさよし》さん（80）は中学卒業後、仕事を変えながらずっと働きました。しかし、年金記録は24年９カ月。25年の受給資格に３カ月足りず、これまで無年金でした。

今回、受給資格が10年になり、川辺さんはようやく年金を請求することができました。受け取れる年金は年52万円。「もう年金は受け取れないと諦めていました。でも、日曜版の『お役立ちトク報』の記事をきっかけに社会保険労務士に相談し、無事受給できました」と喜びます。

### ◆専業主婦の「カラ期間」９年と合わせて

東京都江東区の女性（66）は、年金加入期間が、20歳ごろに働いていたときの厚生年金１年分しかありませんでした。

それが今回、なんと10年の受給資格を満たして年金を受け取れることになったのです。

きっかけは、赤旗日曜版で連載していた「ねんきんトクトク活用術」（１７年７月２日号～同年10月８日号）。１７年７月９日号に掲載された、「受給資格が『10年』に短縮　『通知』こない人にも可能性」の見出しの記事です。

記事では、年金保険料の納付・免除期間が10年に満たなくても、「カラ期間」（保険料の納付・免除期間以外で受給資格期間の合算対象となる期間）などが見つかった場合、年金を受給で

### 表　年金の受給資格を満たすための
## チェックポイント

□ **「カラ期間」（合算対象期間）を探す**
国民年金に任意加入していなかったが、受給資格に含められる期間。サラリーマンの配偶者、学生、海外在住だった期間、脱退手当金の支給対象期間など。それぞれ対象となる年齢や時期はさまざまなので、よく相談を

□ **自分の年金記録を確認する**
「宙に浮いた」5000万件の年金記録のうち2000万件は持ち主を確認できていない

□ **国民年金に任意加入する**
60～65歳未満の人は、国民年金に加入して保険料を納めることで、受給資格を満たす可能性。65～70歳未満の人は、受給資格を満たすまで加入できる

長谷川陽子さん

きる可能性があることを紹介していました。

「カラ期間」は、年金額には反映しませんが、受給資格期間にはカウントされます。

これを読んだ女性の夫（67）は、「もしかしたら『カラ期間』が使えるのではないか」と考えました。

すぐに、連載の筆者で社会保険労務士の長谷川陽子さんに連絡を取り、相談。1986年3月以前、サラリーマンの夫の専業主婦だった期間が、「カラ期間」9年分に当たるとアドバイスを受けました。厚生年金の1年分と合わせて、10年の受給資格期間を満たせることになります。

17年7月、夫婦で年金事務所を訪れました。その日のうちに、かつて住んでいた自治体の窓口にも行って書類をそろえ、年金を請求しました。

女性は、新たに年3万円弱の年金を受け取れることになりました。

「年金加入が1年間ではダメだろうと思っていた。ダメ元でやってみたら年金を受け取ることができた。よかったです」

夫も「日曜版の、実用的で自分たちに関係のある記事は必ず目を通しています」と話します。

## ◆諦めずに調査を――社会保険労務士・長谷川陽子さん

年金を10年以上かけていたけれども、25年には不足していた人には、日本年金機構から黄色い封筒が送付されています。これを受け取った人は、必ず請求手続きをしましょう。年金は自動的には支給されません。

年金を10年かけていない人には黄色い封筒が送付されませんが、諦めずに改めて調査しましょう。

過去にサラリーマンの配偶者だった期間、学生だった期間、海外在住期間、厚生年金の脱退手当金を受け取った期間などがあれば、10年の受給資格を満たし、年金を受け取れる可能性があります。（表）

また、07年、基礎年金番号に結び付いていない5千万件の「宙に浮いた」年金記録が大問題になりました。今も約2千万件の持ち主が見つかっていません。これが見つかり、受給資格を満たせば、時効なしに過去にさかのぼって年金を全額受け取ることができます。諦めずに調べてみましょう。

## 国民年金保険料の免除制度――未納者の94パーセントは対象に

国民年金の保険料（月1万6340円、2018年度）未納者の94パーセントが保険料免除になる可能性がある――。厚生労働省がこんな実態を明らかにしました。免除期間は受給資格期間となり、年金額にも反映します。活用法を社会保険労務士の長谷川陽子さんに聞きました。

### ◆未納だと年金ゼロも、全額免除なら半額支給

国民年金の保険料が過去2年間未納の人は、約157万人（17年度末）います。

16年12月6日の参院厚生労働委員会で、塩崎恭久《やすひさ》厚労相（当時）は「免除等の手続きをすれば、該当する可能性がある所得300万円未満の方は約94パーセントいると見込まれる」と答えました。

未納者の9割以上が、保険料免除の対象になり得るというのです。

しかし、免除を受けず、未納のままだと……。

「受給資格期間を満たさず、将来無年金になる可能性があります。不慮の事故や配偶者の死去があっても、障害基礎年金や遺族基礎年金を受けられないことがあります」

## 表　保険料免除の対象となる所得の目安

カッコ内は給与所得者の年収ベース

| 世帯構成 | 全額免除 | ４分の３免除 | 半額免除 | ４分の１免除 |
|---|---|---|---|---|
| ４人世帯（夫婦・子２人）（子はいずれも16歳未満） | 162万円（257万円） | 230万円（354万円） | 282万円（420万円） | 335万円（486万円） |
| ２人世帯（夫婦のみ） | 92万円（157万円） | 142万円（229万円） | 195万円（304万円） | 247万円（376万円） |
| 単身世帯 | 57万円（122万円） | 93万円（158万円） | 141万円（227万円） | 189万円（296万円） |

※本人だけでなく、配偶者や世帯主も免除基準に該当していること（若年者納付猶予制度は本人と配偶者が、学生納付特例制度は本人が、免除基準に該当していること）

※４人世帯、２人世帯は、夫か妻のどちらかのみに所得（収入）がある世帯

**保険料の免除基準（前年所得が次の金額以下）**

❶全額免除 ➡（扶養親族等の数＋１）×35万円＋22万円

❷４分の３免除 ➡ 78万円
❸半額免除 ➡ 118万円
❹４分の１免除 ➡ 158万円
（❷〜❹）＋扶養親族等控除額＋社会保険料控除額等

なぜ、免除制度があるのでしょうか。国民年金は、国民の生存権と国の責任を規定した憲法25条に基づく制度だからです。（国民年金法１条）

「国民年金は、『負担なくして給付なし』という民間保険とは違います。国民の権利なので、所得が少なく、保険料を支払えないときには、免除制度があるのです」

保険料免除制度には二つあります。

一つは、生活保護を利用している人や障害年金（１級、２級）を受給している人が対象の「法定免除」です。保険

料は全額免除されます。

もう一つは、「申請免除」です。①保険料の全額免除②4分の3免除③半額免除④4分の1免除――の4種類あります。本人、配偶者、世帯主の所得が基準以下のときに利用できます。

免除の対象になる所得基準は、世帯構成によって異なります。

全額免除の場合は、単身世帯で所得57万円以下、夫婦2人世帯で92万円以下、4人世帯で162万円以下です。

それ以外の一部免除は、所得335万円以下（4分の1免除、4人世帯の場合）などが一応の目安になります。（表、27ページ）

実際には、世帯の状況によって所得基準が変わってきます。

例えば、医療費控除、障害者控除、老人扶養親族控除（70歳以上）、特定扶養親族控除（19～23歳未満）などがあると、免除を受けられる所得基準が上がります。

自分の所得や所得控除の金額は、確定申告書で確認できます。給与所得者は、源泉徴収票である程度分かります。

## ◆まずは申請してみよう

自分が免除基準にあてはまるかどうかが分からなくても、心配することはありません。

「保険料を支払うのが大変なときは、免除の申請をしてみましょう。厚労省は未納者のほとんどに可能性があると言っているのですから、まずはやってみることです」

免除を受けたら年金額はどうなるのでしょう。

免除を受けた期間も、受給資格期間を満たしていれば年金は支給されます。しかも、保険料の免除割合に比べ、年金額の減額割合は少ないのです。（図）

「全額免除の期間で８分の４、半額免除では８分の６の年金がつきます。国民年金＝基礎年金には２分の１の国庫負担が入っているからです」

保険料免除の相談や申請は、市区町村または年金事務所の国民年金窓口へ。

「免除は過去2年間さかのぼって手続きができます。なるべく早く申請しましょう」

全額免除のとき以外は、部分的に保険料を支払うことが必要です。

「支払わないと未納扱いになります。その期間の国民年金は、国庫負担分も含めて全部消えてしまいます。免除を受けたら、きちんと払うようにしましょう」

## ◆納付猶予制度も

免除制度以外にも、学生は納付特例制度、50歳

**図　免除期間中の老齢基礎年金額**

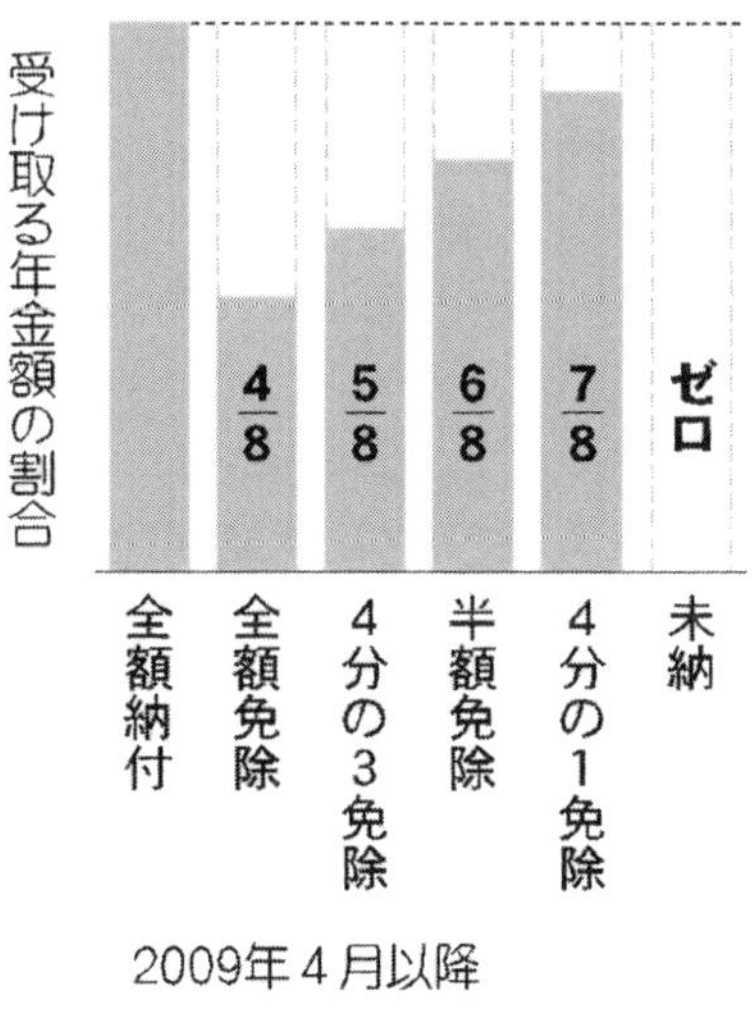

未満の人は納付猶予制度があります。世帯主である親の所得は問わないなど、免除制度とは異なることがあるので、必要な人は窓口で相談してみてください。

## 知らないと損！――年金年代別活用術

「保険料を少しでも安く」「受け取る年金を増やしたい」――。そんなときに使える公的年金の制度を年代別に紹介します。社会保険労務士の長谷川陽子さんが案内します。

### 20歳から60歳

【まとめて前納】

国民年金の保険料は、２年分を口座振替で前納すると約１カ月分割引になります。（表）

また、保険料の納付期限は翌月末ですが、当月末の口座振替にすると月50円の割引に。

１年、半年（６カ月）の前納でも割引になります。

【国民年金――「配偶者に扶養」は「3号」届け出を】

厚生年金に加入する配偶者に扶養される20～60歳未満の人（年収１３０万円未満）は、勤め先に届け出れば「国民年金3号」の被保険者になれます。直接保険料を払う必要はなく、将来受け取る年金も減りません。

意外に知られていませんが、事実婚でもよく、男女も問いません。外国人も対象になります。

表　国民年金保険料の前納割引制度　2018年度

| 前納方法 | | 1回当たり納付額 | 割引額(期間) |
|---|---|---|---|
| 2年前納 | 口座振替 | 37万7350円 | 1万5650円(2年) |
| | 現金納付 | 37万8580円 | 1万4420円(2年) |
| 1年前納 | 口座振替 | 19万1970円 | 4110円(1年) |
| | 現金納付 | 19万2600円 | 3480円(1年) |
| 6カ月前納 | 口座振替 | 9万6930円 | 1110円(半年) |
| | 現金納付 | 9万7240円 | 800円(半年) |
| 当月末振替(早割) | 口座振替 | 1万6290円 | 50円(月) |

### 〔国民年金――付加保険料で増額〕

国民年金の保険料を掛けている人は、月400円の付加保険料を払えば、年金を「年200円×納付月数」分増やせます。付加保険料を5年間払うと400円×60月で2万4千円です。増える年金は200円×60月で年1万2千円。2年間の受給で元が取れ、その後も一生増額年金を受け取れます。

### 〔国民年金基金に加入する〕

国民年金基金は、国民年金の保険料を掛けている人が対象の個人年金です。例えば40～60歳まで月約2万5千円の掛け金で、65歳から月3万円受給できます。掛け金の全額が税の社会保険料控除の対象になるので、節税効果は大きいです。なお、国民年金基金の加入者は付加保険料を納められません。

## 60歳になったら

### 〔任意加入で増額――10年の受給で元が取れる〕

「60歳になったが年金の見込み額が少ない」。こんなとき、国民年金の任意加入制度で年金を増やせます。

60～65歳まで5年間の任意加入で払う保険料は98万400円。増える年金は年9万7412円です（18年度価格で計算）。約10年の受給で取り戻し、その後も増額した年金を一生受け取れます。

60代前半で特別支給の老齢厚生年金を受給している人も、任意加入制度を使えます。それにより、65歳から受給する老齢基礎年金を増やせます。

### 〔繰り上げ受給――減額されるがすぐ受け取れる〕

年金を少しでも早く受け取りたい人には、繰り上げ受給制度があります。国民年金（基礎年金）の受給開始は65歳ですが、60歳まで繰り上げることができます。ただし、1カ月につき0・5パーセント減額されます。（図）

図　受給年齢による年金額の増減

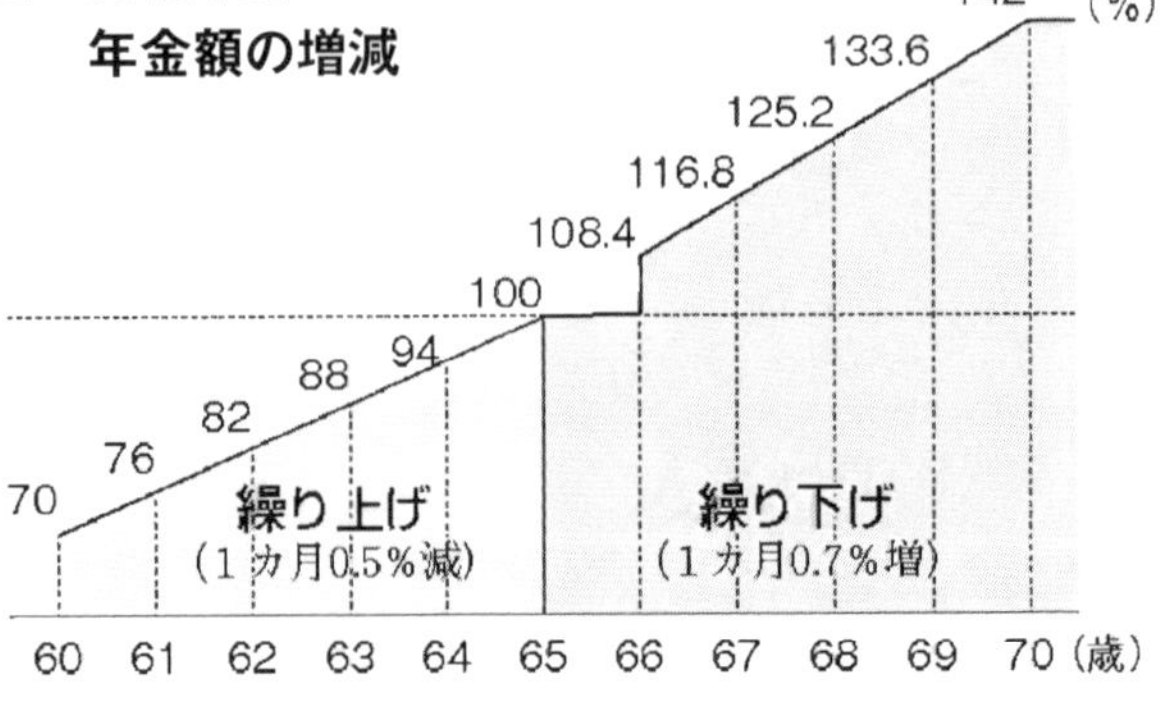

60歳から繰り上げ受給すると30パーセント減額。減額された年金は一生続きます。厚生年金も繰り上げ受給制度があります。繰り上げ受給すると、原則として障害年金や寡婦年金を受給できず、任意加入制度も使えません。

## 65歳になったら

### 〔受給資格期間に足りないとき――70歳まで加入できる〕

「65歳になったが年金の受給資格期間に足りない」。こんなときは、受給資格期間を満たすまで国民年金に任意加入できます。70歳まで最長５年間です。

### 〔繰り下げ受給――70歳受給で42パーセント増〕

「65歳になったが年金を増やしたい」という人には、繰り下げ受給制度があります。受給開始を65歳から66～70歳に繰り下げると、１カ月につき０・７パーセント増額。70歳から受給すると42パーセント増になります。（図）

繰り下げで失った年金は約12年の受給で取り戻し、その後も増額した年金を一生受け取れます。

繰り下げ受給をしたいときは、65歳の時点で届く裁定請求書を提出せず、受給するときに繰り下げ申出書と一緒に提出します。

厚生年金の人は報酬比例部分と基礎年金部分の2階建てなので、片方だけ繰り下げることもできます。

病気などさまざまな事情で繰り下げをやめるときは、65歳にさかのぼって年金を受給できます。

## 障害年金——脳卒中、心疾患で受けられる場合も

病気やけがで一定の障害が残ったときに受給できる障害年金。五大疾病のうち、がん、糖尿病、精神疾患だけでなく、脳卒中と心筋梗塞（心疾患）でも受給できる場合があります。

### ◆過去5年分約500万円を受給できた

「妻が障害年金を受けられ、本当にホッとしています」と喜ぶのは千葉県在住の宮里全光《ぜんこう》さん（62）です。２０１５年12月、妻の登美子さん（61）が障害年金１級（月約８万円）を受給できるようになりました。

登美子さんは０６年7月、自宅で倒れました。病院に緊急搬送され、診断の結果は、脳卒中の原因の一つの脳出血。懸命なリハビリを続けましたが、左半身のまひが残りました。トイレ、

食事、着替えに至るまで1人ではできず、移動も車いすを使うようになりました。

全光さんは、自分が現役で働いている限りは何とか頑張っていこうと考えていました。しかし退職後、収入が大幅に減ったため、１４年6月、登美子さんの障害年金受給を日本年金機構に申請しました。

登美子さんは障害者手帳1級を取得（０８年8月）していたので、全光さんはすぐに障害年金を受給できるだろうと考えていました。実際は、そうはいきませんでした。

障害年金申請の際、障害の原因となった病気やけがの初診日を確定する必要があります。登美子さんは０1年、脳卒中の原因の一つのくも膜下出血で倒れましたが、日常生活が普通に送れる程度にまで回復していました。ところが年金機構は、障害の原因はくも膜下出血ではないかとして、初診日を確定できないことなどを理由に申請を却下しました。

困った全光さんは、社会保険労務士の岩崎眞弓さん（ＮＰＯ法人「みんなでサポートちば」理事長）に相談しました。岩崎さんは、登美子さんを診断した医師に年金機構の言い分が誤りであることを確認。今回の脳出血と、くも膜下出血には因果関係がないことを主張し、診断書を添えて再申請。受給が決まりました。

障害年金は5年前までさかのぼって請求できます。登美子さんも過去5年分、約５００万円を受給しました。

全光さんは自身の経験からアドバイスします。「社労士もそれぞれ得意な分野があるので障

岩崎眞弓さん

害年金を専門にやっている人にお願いするのがいい。各県に社労士会があるので聞くと教えてもらえます」

### ◆障害年金とは

障害年金は、基本的に、65歳未満の人が病気やけがで一定の障害が残ったときに受けられます。すべての人を対象にした「障害基礎年金」があります。さらに会社員や公務員などは、「障害厚生年金」が上乗せされます。

障害基礎年金の支給額は、障害の重さに応じて1級で年額97万４１２５円、２級で同77万９３００円。障害厚生年金には、障害基礎年金にはない３級（最低保障額は年間58万４５００円）などの支給もあります。（金額は１８年度）

### ◆医師とのコミュニケーションが大事――社会保険労務士・岩崎眞弓さん

脳卒中や心疾患でどのような人が受給できるのか。社会保険労務士の岩崎眞弓さんに聞きました。

**脳卒中では**

移動に、杖《つえ》か車いすが常時必要であれば、障害年金は受けられます。それが必要ない人でも、トイレや着替え、食事などでの日常生活で支障や制限がある人なら受給できる可能性があります。

私は、目安として障害者手帳の等級のマイナス１が障害年金の等級になることが多いと説明しています。経験上、障害者手帳３級のときには障害年金２級に該当し、手帳２級のときには年金１級に該当することが多いです。

**心疾患では**

まず、異常検査所見（表、38ページ）を医師に聞くことです。検査結果が「異常」に該当して、日常生活のなかで動悸《どうき》や息切れがあり、身の回りのこと以外は介助が必要であれば障害年金を受けられるからです。

**アドバイス**

脳卒中も心疾患も医師とのコミュニケーションが大事です。医師は日常生活を見ているわけではないので、困っていることを医師にきちんと伝えましょう。検査結果も気軽に聞いてください。

**表　心疾患　この表を持って医師に相談してみよう**

障害年金の認定基準で示されている
心疾患の検査での異常検査所見

| 区分 | 異常検査所見 |
|---|---|
| A | 安静時の心電図において、0.2mV以上のＳＴの低下もしくは0.5mV以上の深い陰性Ｔ波（aVR 誘導を除く）の所見のあるもの |
| B | 負荷心電図（6 Mets 未満相当）等で明らかな心筋虚血所見があるもの |
| C | 胸部Ｘ線上で心胸郭係数60%以上又は明らかな肺静脈性うっ血所見や間質性肺水腫のあるもの |
| D | 心エコー図で中等度以上の左室肥大と心拡大、弁膜症、収縮能の低下、拡張能の制限、先天性異常のあるもの |
| E | 心電図で、重症な頻脈性又は徐脈性不整脈所見のあるもの |
| F | 左室駆出率（ＥＦ）40%以下のもの |
| G | ＢＮＰ（脳性ナトリウム利尿ペプチド）が200 pg/ml相当を超えるもの |
| H | 重症冠動脈狭窄（きょうさく）病変で左主幹部に50%以上の狭窄、あるいは、３本の主要冠動脈に75%以上の狭窄を認めるもの |
| I | 心電図で陳旧性心筋梗塞所見があり、かつ、今日まで狭心症状を有するもの |

認定基準では「心疾患とは、心臓だけではなく、血管を含む循環器疾患を指す」としています。弁疾患、心筋疾患、虚血性心疾患（心筋梗塞、狭心症）、難治性不整脈、大動脈疾患、先天性心疾患に区分し、それぞれの疾患ごとの基準で認定します。

# 第2章　税金編

## 確定申告——医療費控除の二つの改定

一定額以上の医療費を支払った場合、税の医療費控除を受けられる可能性があります。確定申告のうち最も還付が多いと言われる医療費控除について、税理士の吉元伸さんがアドバイスします。

### ◆介護保険の利用料も一部対象に

確定申告の書類は、お住まいの地域の税務署に直接提出するか、郵送します。国税庁のホームページから電子申告する方法（事前申請が必要）もあります。

２０１７年分の確定申告から、二つの「改定」がおこなわれています。

一つ目は、医療費等の領収書を添付または提示しなくてよくなったことです。代わりに所定

吉元伸さん

の「医療費控除の明細書」を添付します。

ただし、税務署が明細書の記入内容を確認するために領収書の提示や提出を求める場合があります。確定申告期限から5年間、領収書を自宅で保存してください。

二つ目は、セルフメディケーション税制による医療費控除が新設されたことです。通常の医療費控除を申告するか、セルフメディケーション税制による医療費控除を申告するかを自分で選べるようになりました。ただし、両方の控除の併用はできません。

セルフメディケーション税制による医療費控除の対象は「スイッチＯＴＣ薬」とよばれる「市販薬」の購入費用です。（厚生労働省が指定）

年間購入額が、世帯で1万2千円を超えた場合、超えた金額を所得から差し引きます。（最高8万8千円）

健康診断や予防接種など健康の維持増進、疾病予防の取り組みをしている――などの条件があります。

医療費控除額は図のように計算します。所得が２００

図 計算方法

1年間に支払った医療費総額 − 保険などで戻ってきた金額 − 年間所得200万円未満（※65歳以上で年金のみの人は収入320万円未満） 所得の5％ ＝ **医療費控除額** 最高２００万円

1年間に支払った医療費総額 − 保険などで戻ってきた金額 − 年間所得200万円以上 10万円 ＝ **医療費控除額** 最高２００万円

万円未満の人は、医療費が所得の５パーセントを超えた分を、所得が２００万円以上の人は、医療費が10万円を超えた分を還付申告できます。（最高２００万円）

医療費控除の対象は表のとおりです。診療費以外に、薬代や入院中の食事代なども対象になります。

介護保険の利用料も控除の対象になるものがあります。領収書の合計額のところに医療費控除の対象となる金額が書かれています。

通院にかかった交通費（本人、付き添いの人の分も含む）も控除の対象になります。日時、金額、目的などを書いた表を作成し、「医療費控除の明細書」と併せて提出しましょう。

医療保険者から交付された医療費通知がある場合（必要な項目が記載されていること）、この医療費通知を添付すれば「医療費控除の明細書」の記載を簡略化できます。領収書の保存も不要です。

医療費通知が届く時期は保険者により異なります。詳しくは、勤め先やお住まいの自治体にご確

**表　医療費控除の対象となる例**

◎通院費（自家用車のガソリン代や駐車場代は対象外）
◎診療費、入院時の部屋代や食事代
◎妊娠中の定期健診費用や分べん費
◎医療用器具（コルセットなど）の購入費やレンタル費用
◎６カ月以上の寝たきりの人のおむつ代（医師の証明書が必要）
◎保健師や看護師などに療養上の世話を受けたときの費用（親族への支払いは対象外）
◎風邪をひいたときの風邪薬など、治療や療養に必要な医薬品の購入費用（予防や健康増進のための薬は対象外）
◎急な病状で病院や診療所などに行くときに介助が必要な場合の人件費（親族への支払いは対象外）
◎介護保険下で提供された一定の施設、在宅サービス費用（領収書に控除の対象額が書かれている）

認ください。

### ◆生計を一にする家族は合算できる

医療費控除は自分の医療費だけでなく、「生計を一にしている」配偶者や子、孫、老いた両親など親族全員の医療費を合算して申告できます。

同居していなくても、生活費や学費、療養のための費用を仕送りしている場合は「生計を一にしている」とみなされます。

なお、17～19年分の確定申告に限り、「医療費控除の明細書」ではなく、従来と同様に医療費などの領収書を添付または提示することも認められています。

### ◆マイナンバーがなくても

国税庁は確定申告書にマイナンバーの記載を求めていますが、記載がない場合も受理するとしています。

同庁ホームページの社会保障・税番号制度〈マイナンバー〉についての質問コーナーでは、申告書にマイナンバーが記載されていない場合でも、「制度に対する国民の理解の浸透には一定の時間を要する点などを考慮し、申告書等にマイナンバーの記載がない場合でも受理することとしています」と答えています。

## 確定申告――年金４００万円以下ならいらない？

年金収入４００万円以下の人は確定申告の必要がないとされますが、申告すれば税金が返ってくる場合も。そのポイントを税理士の清水和雄さんに聞きました。

### ◆確定申告で所得税が還付、住民税が安くなることも

公的年金の受給者には、申告手続きの負担を減らすという理由で、「確定申告不要制度」があります。

公的年金収入が４００万円以下で、それ以外の所得が20万円以下の人は、所得税の確定申告が必要ないというものです。

しかし、確定申告をすることで、年金から天引き（源泉徴収）された所得税が還付され、連動して住民税が安くなることもあります。確定申告をすることで、所得税と住民税合わせて２万円以上の還付・減額になるケースもあります。

**表　還付・減額の可能性がある場合**

- 扶養親族等申告書を出さなかった
- 一定額以上の医療費を払った
- 年金天引き以外に社会保険料を払った
- 生命保険料控除を受けられる
- 地震保険料控除を受けられる
- 寄付金控除を受けられる（政党への寄付、ふるさと納税、震災の義援金など）
- 災害や盗難で資産に損害を受けた
- 住宅借入金の控除を受けられる
- 障害者控除を受けられるようになった
- 寡婦（夫）控除を受けられるようになった
- 扶養家族が増えた

### ◆年の途中で扶養家族が増えたときも

確定申告で、所得税が還付される可能性があるのは、表のような場合です。「扶養親族等申告書を出していない場合は、確定申告した方がいいです」と清水さん。毎年秋ごろ届く扶養親族等申告書を出さないと、翌年の年金から天引きされる所得税がかなり高くなってしまうからです。払い過ぎた所得税は確定申告で取り戻せます。

扶養親族等申告書を出している人も、次に掲げるような追加の控除があるときは確定申告の検討を。

#### 医療費控除

医療費控除は、自分や生計が一緒の家族のために医療費を払った場合、一定の金額を所得から控除できる仕組みです（本書39～42ページを参照）。医療費には介護費用の一部も含まれます。「年間10万円を超える医療費負担がないと控除を受けられないと思われがちですが、収入から経費分（給与所得控除など）の金額を差し引いた所得の合計額（総所得金額等、以下同じ）が

２００万円未満の人は、医療費が所得の合計額の５パーセントを超えれば受けられます。65歳以上で年金収入２００万円だけの人は、年金生活者の経費分に相当する公的年金等控除を差し引いた所得が80万円になりますので、４万円を超える医療費負担が控除の対象になります」

### 社会保険料控除

社会保険料控除の対象は、年金から天引きされる分だけではありません。

「生計が一緒の家族が負担すべき社会保険料を自分が払っている場合、社会保険料控除の対象になります。例えば、子どもが無職で、代わりに国民年金保険料を払っているケースなどです」

### 扶養控除・配偶者控除

年の途中で扶養家族が増え、新たな控除を受けられることも。

「例えば、勤めていた子どもや妻が職を失ったり給料が下がったりして、収入が年１０３万円以下になるときは、扶養控除や配偶者控除を受けられます」

### 障害者控除

障害者控除を受けられるようになることも。

「これはよくあります。例えば、人工透析を受けるようになった場合、重度障害者に適用される特別障害者控除を受けられますので、障害者手帳の交付を受けてください」

### ◆「源泉徴収票」を使って試算を

確定申告が必要かどうかの判断は。

「（毎年）1月には日本年金機構から老齢年金の受給者に『公的年金等の源泉徴収票』が送られてきます。『源泉徴収税額』に金額が書いてあれば、年金から所得税と復興税が天引きされています。確定申告すると逆に税額が増えてしまうこともあるので、税理士などとよく相談して、試算してみてください」

年金天引きの所得税がゼロだったり、わずかだったりしたなら確定申告しなくてもいいですか。

「表（44ページ）に掲げるようなことがあり、所得税額を試算してゼロ、または還付金が生じるのであれば申告したほうがいいです。住民税の控除額は所得税より少ないため、所得税ゼロでも住民税は課税になることがあるからです」

なお、住民税については、年金以外に所得がある人は申告が必要です。

## 寡婦（夫）控除で税負担を軽く――住民税ゼロ、介護保険料軽減も

配偶者と死別・離婚した人で一定の条件に合う人は、「寡婦（夫）控除」で税負担を軽くできます。住民税が非課税になり、介護保険料などが軽減されることもあります。

### ◆住民税が5年分返ってきた

「『寡婦』で税金が軽くなることは全然知りませんでした。助かります」と話すのは、東京都品川区の阪倉久子さん（86）。「寡婦」の申告で、2015年度8500円だった住民税がゼロになりました。

阪倉さんの老齢年金は月5万円程度。しかし、部屋を貸していて不動産所得が年45万円ほどあるため、住民税が課税されていました。（同区の単身者は、前年の所得が35万円を超えると課税）

「寡婦（夫）」は、所得125万円以下だと住民税が非課税です（地方税法24条の5、295条）。阪倉さんは、「寡婦」の申告で住民税が非課税になったのです。これまでに払った住民税も、5年間さかのぼって返ってきました。

介護保険料も、年約6万7千円から約3万5千円へと半分近く減ることに。65歳以上の介護保険料は、住民税が課税か非課税かで大きく変わるからです。

阪倉さんは、20年以上前に夫を亡くしました。そのときから税法上の「寡婦」と認められた可能性がありますが、知らずに申告していませんでした。

申告のきっかけは14年、住民税の非課税世帯が対象の臨時福祉給付金（基礎年金受給者で1人1万5千円、15年度は6千円）を受け取れなかったこと。日本共産党の生活相談のポスターを見て、鈴木ひろ子区議に相談し、「寡婦」に当たることが分かりました。住民税が非課税になり、臨時福祉給付金も受け取れました。

阪倉さんは「周りにも『共産党に相談すると、親切によくやってくれる』と話しています」とほほ笑みます。

## ◆手続き方法は？

### 年金を受け取っている人

毎年秋ごろ、所得税の課税対象となる老齢年金の人に、日本年金機構から封書で送られてくる「公的年金等の受給者の扶養親族等申告書」で、「寡婦」「特別寡婦」「寡夫」のいずれかに○をつけます。「寡婦（夫）」となっているかどうかは住民税の納税通知で確認できます。

所得税の確定申告をしていないが「寡婦（夫）」に当たる人は、住民税の申告をしたほうがいいでしょう。所得税はゼロ円でも、住民税は納税という場合があるからです。「寡婦（夫）」で住民税が非課税になれば、65歳以上の介護保険料も軽減されます。

### 給料を受け取っている人

年末調整のとき勤め先に出す「給与所得者の扶養控除等申告書」で、「寡婦」「特別の寡婦」「寡夫」のいずれかにチェックをつけます。「寡婦（夫）」となっているかどうかは「給与所得の源泉徴収票」で確認できます。

### 所得税の確定申告をしている人

「所得税の確定申告書」で、「寡婦、寡夫控除」の金額を記入します。「寡婦（寡夫）控除」

### 図　寡婦（夫）控除の要件と控除額

| | 要件 | | | 区分 | 控除額 |
|---|---|---|---|---|---|
| ① | 夫と死別、または離婚 | ＋ 扶養親族または生計を一にする子がいる | | ▶寡婦 | 所得税27万円 住民税26万円 |
| ② | 夫と死別 | ＋ 本人の所得500万円以下 | | ▶寡婦 | 所得税27万円 住民税26万円 |
| ③ | 夫と死別、または離婚 | ＋ 本人の所得500万円以下 | ＋ 生計を一にする子がいる | ▶特別の寡婦 | 所得税35万円 住民税30万円 |
| ④ | 妻と死別、または離婚 | ＋ 本人の所得500万円以下 | ＋ 生計を一にする子がいる | ▶寡夫 | 所得税27万円 住民税26万円 |

※「死別または離婚」後、婚姻をしていないこと
※「生計を一にする子」は所得38万円以下で、他の人の控除対象配偶者や扶養親族になっていないこと。別居でも可

と、「死別」「離婚」「生死不明」「未帰還」のいずれかにチェックをつけます。

**◆男性でも離別でも対象に——税理士・田中大介さん**

税法上の「寡婦（夫）」に当たるかどうかは、図で確認します。女性の場合は——。

①扶養親族や生計が一緒の子がいれば、死別も離婚も「寡婦」に該当します。扶養親族は親やきょうだいなども含みます。生計が一緒の子は、同居せず、下宿している大学生なども対象になります。

②扶養親族や生計が一緒の子がいなくても、死別で、本人の所得が５００万円以下なら「寡婦」になります。

③死別や離婚、本人の所得が５００万円以下、生計が一緒の子がいる場合は、「特別の寡婦」になります。

④男性の場合は、「特別の寡婦」と同じ条件になります。

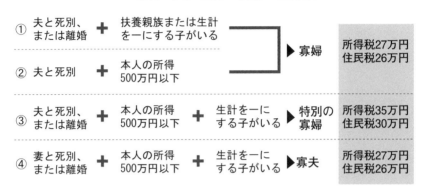

「寡婦（夫）」は、所得税で27万円、住民税で26万円を、「特別の寡婦」はそれぞれ35万円、30万円を、所得から控除できます。

さらに所得125万円以下の場合、住民税が非課税になります。

未婚の一人親世帯は「寡婦」に当たりません。しかし困窮率は高く、「寡婦」の対象にするよう働きかけることが必要です。保育料軽減など弾力的に対応する自治体もあります。

## 納税緩和措置で分納を認めさせた

税金を払う意思はあるけれど、消費税増税などの負担が重く、一度には払いきれない――。そんなとき利用できるのが、法律で保障されている「納税緩和措置」です。

### ◆事業の継続へ頑張れます

伊藤英行さん（58）は京都市上京区の同志社大学近くに、弁当も販売する洋食店を構えています。開業から10年になりますが、近隣飲食店と競合するなか、売り上げが当初の4割に減少。食材や弁当容器の値上げも経営を圧迫し、消費税を期日通りに納められなくなりました。

2015年6月、消費税の滞納が100万円を超えると、税務署はクレジットで振り込まれる

常備補充カード

新

返品期限

2020 年 04 月 10 日

直販店名

26

版元

新日本出版社

著者

しんぶん赤旗日曜版編集部

新・お役立ちトク本

すぐに使える社会保障活用術

ISBN 978-4-406-06286-2

▼常備カードは該当する本に挟んでお使いください。
▼本が売れたら、このカードで補充注文してください。
(補充は直販店名を記入し、FAXしてください)

定価(本体1200円+税)

新日本図書
FAX 03-3423-6120

弁当代の一部、23万円を差し押さえました。クレジット払いの弁当代は売り上げの３割を占めます。伊藤さんは「差し押さえが続けば従業員の給料が払えず、事業が継続できなくなる」と上京民主商工会（民商）の仲間と一緒に税務署と交渉。差し押さえは取り返せませんでしたが、それ以外の滞納分は一括ではなく、分割で毎月３万円ずつ納付することを税務署に認めさせました。

しかし、その後も税務署は「毎月３万円では少ない」「売掛金を差し押さえる」と、面談のたびに脅しました。

そこで伊藤さんは１６年2月、納税緩和措置の一つである「納税の猶予」を税務署に申請しました。一度に税金を納められないとき、一定の要件を満たせば、分納や延滞税の減免が認められる制度です。

ところが税務署は申請の4カ月後に突然、「書類が足りない」「提出しなければ『納税の猶予』の申請を取り下げたものとみなす」などと高圧的な姿勢を取ってきました。

伊藤さんは民商の仲間とともに再び税務署と交渉。申請の

**法律に基づく納税緩和制度**

●納税の猶予

災害、病気、事業の休廃業や著しい損失などで資金難に陥ったとき、納税者の申請によって納税の猶予や延滞税の減免が認められる（最大２年）

**国税通則法46条、地方税法15条**

●換価の猶予

差し押さえ財産の換価処分（公売）などにより事業や生活を維持できなくなるとき、納税者の申請によって換価処分の猶予や延滞税の減免が認められる（最大２年）

**国税徴収法151条、地方税法15条の5、6**

●滞納処分の停止

財産がないか、滞納処分が生活を著しく窮迫させるおそれがあるとき、３年後または即時に納税義務を消滅させることができる

**国税徴収法153条、地方税法15条の７**

取り下げを押し付けるような対応は、「納税者の個別的、具体的な実情に即して適切に対応する必要がある」とした国税庁通達（15年3月）や法の趣旨に反すると抗議し、税務署に対応を改めさせました。

伊藤さんは8月、「納税の猶予許可通知書」を受け取り、毎月4万円ずつ分納することになりました。「『納税の猶予』が認められてよかった。頑張って事業を継続させていきたい」と話します。

税務署が当初、高圧的な姿勢をとった背景には、納税緩和措置が15年4月に見直されたにもかかわらず、周知徹底されていなかったこともあります。例えば、納税緩和措置の一つである「換価の猶予」は、それまで税務署の裁量による実施しか認められていませんでした。それが、納税者自身の申請も認められるよう見直されたのです。

前出の通達は、制度を改善した見直しの趣旨を各地の国税局に伝えるものです。

**◆納税者の権利として活用を――全国商工団体連合会税金対策部長・服部守延さん**

不況が続き、中小業者の中で税金などの滞納が急増しています。特に、赤字でも納税しなければならない消費税は過酷です。これに対し税務署などが、売掛金や児童手当などの差し押さえをするケースが相次いでいます。

各地の民商は納税に困っている人の相談に応じ、納税者の権利として納税緩和措置を活用することをよびかけています。

納税緩和措置は、憲法が定める国民の生存権や財産権などを保障し、納税者を保護する制度です。これは、国税通則法や国税徴収法に定められており、市県民税や国保料（税）、社会保険料の納付にも適用できます。

服部守延さん

倉林明子参院議員

### ◆いっそうの改善・拡充へ——日本共産党・倉林明子参院議員

16年3月の財政金融委員会でこの問題を取り上げ、新たな猶予制度の周知徹底を図るよう要求しました。麻生太郎財務相も「こちらの落ち度だ」と認め、質問の翌日、税務署には新しい制度の案内や申請の手引きが置かれました。
全国商工団体連合会（全商連、巻末の「困ったときの連絡先一覧」参照）が運動を広げる中、納税の猶予の適用件数は制度見直し後に6千件を超え、換価の猶予（申請）は10万件を超えました。（15〜17年度）
地域経済・雇用の担い手である中小業者の事業発展のため、猶予制度のいっそうの改善・拡充や消費税10パーセントへの増税反対に全力をつくします。

# 第3章　医療費編

## 差額ベッド料で新通知――払わずに済んだ経験続々

入院したとき、高い「差額ベッド料」を請求され、困ったことはありませんか。そんなとき活用できるのが厚生労働省の通知（本書64ページ）です。2018年3月の新通知は、「大部屋がいっぱい」などの理由では差額ベッド料を請求できないと明記しています。諦めずに病院と話し合ってください。

**◆同意書を書いたが払わずに済んだ**

千葉県浦安市の安藤秀昭さん（66）は17年3月、胃と右腹の激しい痛みに襲われ、おう吐をくり返しました。

病院の救急外来に行くと、医師に「腸が詰まっている。命にかかわる」と言われ、即入院。

「普通の病室には入れられない」という病院側の判断で、弟はナースステーションの隣にあるガラス張りの病室へ。２人部屋を1人で使いました。

入院手続きの際、弟の妻（68）は、いくつもの書類の中の一つ、差額ベッド料1日７５６０円（消費税含む）の同意書に署名、押印しました。しかしそれについての説明は受けませんでした。

年末、弟の見舞いに訪れた岩月さん。日曜版の記事にあった、〝治療上の必要で個室などに入院させる場合、病院は差額ベッド料を請求してはならない〞に当たるのではないかと弟の妻に伝えました。

退院時に渡された請求書の金額は23万円。17日分の差額ベッド料12万８５２０円が含まれていました。

退院の手伝いに来ていた岩月さんは、持参していた日曜版の紙面を病院の事務担当者に示して、差額ベッド料は請求できないのではないかと話しました。

担当者は「上の人に聞いてみます」と上司に相談。その後、差額ベッド料を除いた請求書を示し「これで結構です」と言いました。

弟の妻は「お義姉さんが通知のことを知っていて、病院に話したことで、払うお金が半分になった。知っていると知らないとで、こんなに違うなんて」と大喜びしました。

「日曜版が役に立ってよかった」と岩月さん。紙面をコピーして友人に配り、弟の体験も話しています。

### ◆病院側から説明なかった

神奈川県相模原市の高橋守一さん（68）は、いったん支払った差額ベッド料を返してもらうことができました。

高橋さんは、睡眠時無呼吸症候群の検査のため17年12月8日、市内の病院に入院しました。書類を渡され、入院受付へ。「検査入院のご案内」には、入院費約4万2千円、「個室料金含む」と書かれていました。入院関係の書類とともに、「差額ベッド料1日につき1万2960円」（消費税含む）と書かれた同意書に署名、押印。しかし個室料金について病院側からの説明はありませんでした。

入院費を自動精算機で前払いした後、検査。翌日、退院しました。

その後、高橋さんは差額ベッド料について特集した日曜版の「お役立ちトク報」（17年12月24日号）を読みました。

病院が「『治療上の必要』により特別療養環境室（個室など）へ入院させる場合」、差額ベッド料を請求してはならない（厚生労働省通知）――。このケースに当てはまるのではないかと思った高橋さん。関東信越厚生局の神奈川事務所に連絡をとり、経緯を説明しました。担当者は「病院にも事情を聞いてみます」と答えました。

１８年1月5日、高橋さんのもとに病院から、「次の来院時に差額ベッド料を返します」との連絡がありました。

後日、病院を訪れた高橋さんは、差額ベッド料1万２９６０円と、差額ベッド料を除いた新しい領収書を受け取りました。

高橋さんは喜びます。「実は、お金は戻ってこないだろうと諦めていました。日曜版を読んでいてよかった」

## ◆約１３０万円払わずに済んだ

東京都文京区の山田雄二さん（51、仮名）は、日本共産党の金子てるよし区議に父親（90）の差額ベッド料について相談し、25日分、１２９万６千円（消費税含む）を払わずに済みました。

肺や皮膚のがんを患っていた山田さんの父親。ほとんど食事ができず、急激に衰弱したため１８年1月29日、大学病院に緊急入院しました。

付き添った山田さんは担当医に「ほかの部屋が空いていないので、1日5万１８４０円の個室に入ってもらいます」と言われました。

山田さんは「一刻も早く治療を受けさせたい」と、仕方なく差額ベッド料の同意書に署名しました。

2月になり、担当医に「差額ベッド料のいらない部屋はありませんか」と再三尋ねましたが無回答。入院は父親が亡くなった2月22日まで続きました。

入院費の請求書を見て、山田さんは驚きました。差額ベッド料を入れて139万2710円。自分の給料のほぼ半年分だったからです。

「どうしたらいいのか」と悩んだ山田さん。ツイッターで、差額ベッド料を特集した日曜版の「お役立ちトク報」を見たことを思い出し、日本共産党の文京区議団に電話しました。

3月26日、山田さんと金子区議が病院を訪ねると、医事課の主任は「厚労省通知のことは知っています。請求書を引き取らせてください」と。4月4日、病院から山田さんに「差額ベッド料は払わなくていい」と電話が入りました。

「共産党に相談してよかった。払わずに済んでホッとしました」と山田さん。「役に立つ情報が載っている」と5月から日曜版を購読しました。

## ◆日曜版記事で粘り強く交渉

千葉県流山市の手島哲雄さん（69）は、長女（22）の差額ベッド料24万1920円（32日分、消費税含む）を取り戻しました。

心身の不調を訴えた長女が17年9月27日、民間病院の精神科を受診。担当医は「経過観察入院なので個室に入ってもらう」「差額ベッド料がいらない部屋は空いていない」と言い、個室（１日７５６０円）に入院させました。

長年の日曜版読者の手島さん。日曜版で紹介した厚労省通知の「治療上の必要」にあたるため、「病院は差額ベッド料を請求しない」と思っていました。

ところが、長女が大部屋に移った同10月下旬までの32日分の差額ベッド料を請求され、驚きました。

事務窓口の職員や担当医に「請求できないはず」と話しましたが、らちが明きません。納得しないまま支払いました。

手島さんは同12月下旬、差額ベッド料を特集した日曜版の「お役立ちトク報」（１７年12月24日号）のコピーと手紙を病院事務長に送りましたが、返事はありませんでした。

「諦めていた」という手島さん。再び差額ベッド料を特集した１８年２月25日号の日曜版「お役立ちトク報」に力づけられ、関東信越厚生局の神奈川事務所に相談しました。

すると病院から電話が。「十分な説明のないまま同意書にサインさせた」と差額ベッド料を返金しました。

新しい厚労省通知を見た手島さん。「娘の入院もこれにあてはまります。病院はしっかり厚労省通知を守ってほしい」と話します。

## ◆地方厚生局に電話して

東京都町田市の小宮清孝さん（62）は、いったん支払った伯母（90）の差額ベッド料6万4800円（15日分、消費税含む）を返してもらいました。

神奈川県内の高齢者施設に入所する伯母の具合が悪くなり、17年12月27日から施設に併設された病院に入院しました。

その際、事務の担当者に「2人部屋（差額ベッド料1日4320円）しか空いていない」と言われました。小宮さんは「伯母は月8万円ほどの年金暮らしなので困る」と訴えましたが、ダメでした。

18年2月から日曜版を購読した小宮さん。差額ベッド料を特集した「お役立ちトク報」（2月25日号）を読み、「病院の都合で2人部屋に入ったので、払う必要はないのでは」と病院の職員に訴えました。しかし、「同意書に署名がある」と言われ、やむなく差額ベッド料を支払いました。

納得できない小宮さんは関東信越厚生局の神奈川事務所に相談。「差額ベッド代を請求した病院の方が間違っています。事務長に話をしてください」と言われました。すぐに病院の事務長に電話し、厚生局の見解を伝えると、差額ベッド料が返金されました。

小宮さんは「日曜版を読んでいてよかった」と喜びます。

## ◆領収書見てびっくり

東京都江東区の野澤孝男さん（83）、敬子さん（86）夫妻は、日本共産党の正保《しょうぼ》みきお区議に相談し、いったん支払った差額ベッド料３万２４０円（７日分、消費税含む）を返してもらいました。

敬子さんは１８年２月28日、両足が全く動かなくなり、救急車で運ばれ入院。看護師は「差額ベッド料（１日４３２０円）が必要な２人部屋しか空いていない」と言いました。孝男さんは「高いのは困る。大部屋が空いたら移りたい」と訴えました。

正保区議は、差額ベッド料を特集した日曜版の「お役立ちトク報」（２月25日号）を紹介。孝男さんが病院の医療ソーシャルワーカーと看護師に日曜版の記事を見せると、「差額ベッド料をとらない」との返事でした。

ところが敬子さんの退院後、正保区議が領収書を見ると、差額ベッド料がとられていました。孝男さんと正保区議は病院を訪問。事務長が不在だったため、改めて電話しました。事務長は当初、「患者が希望しないと同意書は書かせない」と言いましたが、誤りを認め、差額ベッド料を返金しました。

孝男さんは「諦めようと思っていたが、正保区議が一緒に話してくれて、お金が戻ってきた。よかった」と話します。

### ◆差額ベッド料とは

差額ベッド料は保険のきかない部屋代です。1部屋が4床以下、1人当たりの面積が6・4平方メートル以上などの要件があります。差額ベッド料は全国約27万床（当該医療機関の総病床数の20・6パーセント）で取られています。個室は1日平均7797円、最高37万8千円です。（16年7月1日現在、厚労省調査）

### ◆これが新しい厚労省通知

厚生労働省は通知（18年3月5日、保医発0305第6号）で、差額ベッド料（特別療養環境室料）についての考え方や、請求してはならないケースを示しています。そのポイントは――。

○特別の療養環境の提供は、患者への十分な情報提供を行い、患者の自由な選択と同意に基づいて行われる必要があり、患者の意に反して特別療養環境室に入院させられることのないようにしなければならない。
○特別療養環境室への入院を希望する患者に対しては、特別療養環境室の設備構造、料金等について明確かつ懇切丁寧に説明し、患者側の同意を確認のうえ入院させること。
○患者に特別療養環境室に係る特別の料金を求めてはならない場合としては、具体的には以下の例が挙げられること。なお、③に掲げる「実質的に患者の選択によらない場合」に該当するか否かは、患者又は保険医療機関から事情を聴取した上で、適宜判断すること。
①同意書による同意の確認を行っていない場合（当該同意書が、室料の記載がない、患者側の署名がない等内容が不十分である場合を含む）
②患者本人の「治療上の必要」により特別療養環境室へ入院させる場合
（例）
・救急患者、術後患者等であって、病状が重篤なため安静を必要とする者、又は常時監視を要し、適時適切な看護及び介助を必要とする者
・免疫力が低下し、感染症に罹患するおそれのある患者
・集中治療の実施、著しい身体的・精神的苦痛を緩和する必要のある終末期の患者
・後天性免疫不全症候群の病原体に感染している患者（患者が通常の個室よりも特別の設備の整った個室への入室を特に希望した場合を除く）
・クロイツフェルト・ヤコブ病の患者（患者が通常の個室よりも特別の設備の整った個室への入室を特に希望した場合を除く）
③病棟管理の必要性等から特別療養環境室に入院させた場合であって、実質的に患者の選択によらない場合
（例）
・ＭＲＳＡ等に感染している患者であって、主治医等が他の入院患者の院内感染を防

止するため、実質的に患者の選択によらず入院させたと認められる者の場合
・特別療養環境室以外の病室の病床が満床であるため、特別療養環境室に入院させた患者の場合

さらに、厚労省は事務連絡（18年7月20日）で、「不適切と思われる事例」も紹介しています。

・特別療養環境室の設備構造、料金等についての明確な説明がないまま、同意書に署名させられていた
・入院の必要があるにもかかわらず、特別の料金の支払いに同意しないのであれば、他院を受診するよう言われた

病院の対応に納得できない場合は、全国に8カ所ある地方厚生（支）局（巻末の「困ったときの連絡先一覧」参照）に連絡をとりましょう。

## 知っておきたい3カ条

①希望しないときは同意書へのサインを保留し、病院と話し合う
②「大部屋がいっぱい」という理由では請求できない
③個室などに入ってと言われたら、「治療上必要か」とたずねる

## 無料低額診療――お金が心配で病院に行けないときは？

病院へ行かないといけないほど体調が悪いのに、お金がなくて医者にかかれない――。こんなときに役立つのが、一部の医療機関がおこなう無料低額診療事業（無低診）です。生活困窮者の医療費の窓口負担が減免されます。

### ◆即入院といわれたが手元には1万円だけ……

「〝まず病気を治そう〟という言葉が本当にうれしかった。多くの人に知ってほしい」。そう語るのは横浜市内でデザイン関係の仕事を営んでいた長谷川隆さん（63）です。

体に異変が起こったのは2年前。人と比べ極端に息が上がり、左脚がしびれ、頭痛もするようになりました。徐々に外回りの営業に出られなくなり、お客も離れました。

「国保料は何とか払っていたけど、売り上げがないから、体が悪くても病院に行くのはがまんした。でも、ある夜、横になると息ができなくなった」。２０１４年6月のこと。いつ息がとまるかという不安の中、体を起こしたまま一晩を過ごしました。翌朝、近くの汐田《うしおだ》総合病院に駆け込むと、心不全で即入院といわれました。手元にあるのは消費者金融から借りた1万円だけ。「仕事もあるから」とごまかして入院を断りました。その時、待合室で見つけたのが「無低診」のポスターでした。

次に汐田総合病院を受診した際、総合ケアセンター室を訪ねました。無低診を受けることが決定。同時に、事業や借金の整理、生活保護の利用といった生活できる体制づくりについても話し合いました。

生活保護を利用するまで、精密検査の費用や通院費の、合計約4万3千円の窓口負担が無低診で無料となりました。

長谷川さんは「お金がなくて、体調が悪いと変なことばかり考える。本当に救われた」と語ります。

**◆乳がん告知されたが年金収入しかなく……**

横浜市の大山三枝子さん（72）も無低診を利用した経験があります。

14年6月、胸に手をあてると、しこりに気付きました。

汐田総合病院を受診し、乳がんを告知されました。

1人暮らしで年金は月12万円ほど。家賃に3万6千円が消えます。がん告知のショックとともに医療費の心配が頭をよぎりました。

「抗がん剤や放射線の治療は、一体いくらかかるのだろう」。医師に聞くと総合ケアセンター室を紹介されました。

そこで、無低診を知り、エコーやＭＲＩの検査が無料で受けられました。

「無低診のことを教えてもらい、本当に安堵《あんど》した」。現在は、総合ケアセンター室と相談しながら、無低診ではなく高額療養費制度の活用などで年金から医療費を支払います。

**◆体調壊して職・家なくし野宿……**

「妹夫婦は（赤旗）日曜版の記事で命を救われました」――。そんな話が赤旗日曜版編集部に寄せられました。

妹夫婦とは、神奈川県内に住む藤本良弘さん（60）と妻の奈保子さん（60）。１５年末、家賃が払えず住んでいたアパートを追い出されました。高熱と激しいせきを抱え、野宿せざるをえなかった良弘さん。「死んでもいいや」と投げやりな気持ちにも……。

夫婦が持って出たバッグの中に、日曜版読者である姉から送られてきた日曜版の記事の切り抜きが入っていました。お金がなくても病院にかかることができる無低診を紹介した「お役立ちトク報」です。奈保子さんは語ります。

「わらにもすがる思いで病院に電話しました。あの記事は本当にありがたかった」

藤本さん夫婦の生活が暗転したのは2年ほど前です。

夫婦は当時、同じ冷凍食品関係の会社で働いていました。マイナス25度の冷凍庫の中で、配送する商品を選び出す過酷な作業を一緒にしていました。良弘さんは、原因不明のせきと体調不良に悩まされながら、生計を立てるために、働き続けていました。

１４年5月ごろ、良弘さんは布団から動けない日があるぐらい体調が悪化しました。ついに仕事を続けることができなくなり退職。夫の退職で仕事の負担が増した奈保子さんも仕事を辞めることになりました。

## ◆保険証もないなかで

退職から1カ月後、良弘さんは自宅の洗面所で血を吐きました。翌日も吐血したものの、病院には行きませんでした。健康保険証を持っておらず、全額自己負担となる高い医療費を払えないからです。

生活を支えるため、奈保子さんは派遣会社に登録し、食品工場などで働きました。収入は月10万円に届きません。貯金を取り崩す生活で、すぐに行き詰まりました。

夫婦で生活保護を利用することを話し合ったことも。しかし、そのころは、生活保護の利用が国民の権利であるとは思えていなかった良弘さんは、「施しは受けない」と申請しませんでした。

１５年5月ごろには、ついに貯金が底をつき、アパートの家賃を滞納。同12月には大家から退去の通告を受け、夫婦はボストンバッグに数日分の着替えを詰めて、部屋を出ました。良弘さんの体調は回復しておらず、しゃべろうとするとせき込み、高熱も続いていました。体には力が入らず、動くのもままならない状態でした。

奈保子さんはバッグに、姉からの手紙も入れました。「何かの役に立つかもしれない」との思いからでした。手紙には、赤旗日曜版（15年11月22日号）の切り抜きが入っていました。無低診を特集した「お役立ちトク報」の記事です。

アパートを出た夫婦は、ネットカフェに泊まりました。ネットカフェの料金と食事代で奈保子さんの派遣の日当は消えていきました。年の瀬が迫って、奈保子さんの派遣の仕事もなくなり、収入が途絶えました。

お金が心配で病院にいけない時
無料低額診療
お役立ちトク報
即入院といわれたが手元には1万円だけ ポスターみて相談…
無低診ってどんな制度 民医連施設などで実施
乳がん告知されたが年金収入しかなく… 制度で検査が無料に
共産党の質問で拡充

無料低額診療を特集した「お役立ちトク報」の紙面（2015年11月22日号）

## ◆死も覚悟した

年が明けた16年1月3日、ネットカフェに泊まるお金も尽きました。夫婦は、川崎駅近くのビルの人目につかない場所で野宿。冷たいコンクリートの上に、駅のごみ箱から拾った雑誌を敷き、寝ました。良弘さんは、38度以上の発熱が続いていました。

「死んでもいいや」。良弘さんの脳裏にはそんな言葉が浮かびました。

翌4日、夫婦の携帯電話にたまたま奈保子さんの姉が連絡。事態を知った姉は、愛知県から駆け付けました。姉は当面の生活費を渡し病院に行くよう強く勧めました。

義姉がわざわざ愛知県から来てくれた――。生きる意欲を失いかけていた良弘さんは「お役立ちトク報」の記事に出てくる、無低診を実施している汐田総合病院に連絡。同病院の総合ケアセンター室の松尾ゆかり室長と話し、受診が決定しました。松尾さんは、夫婦にやさしく声を掛けました。「まずは体を治すことが大切。お金の心配はしなくても大丈夫ですよ」

診察の結果、良弘さんは10段階中9番目にあたる重度の結核でひとまず汐田総合病院に入院。その夜、病室のベッドで良弘さんは、奈保子さんに言いました。

「寝るところができ、これでゆっくり休める。ホッとした」

その後、良弘さんは専門病院に転院。奈保子さんも精密検査で結核にかかっていることが分かり、専門病院に入院しました。松尾さんが生活保護の申請手続きや退院後の住宅探しまで相談に乗り、援助しました。

夫婦は現在、生活保護を利用しながら横浜市内のアパートで暮らしています。結核の治療は続いていますが、生活は落ち着きを取り戻しつつあります。奈保子さんは話します。「お金がなくても病院に受診できる制度があることは、記事を読むまで知りませんでした。本当にありがたい。私たちのように生活に困っているため、病気なのに病院に行くのをがまんしている人にはぜひ知ってほしい」

### ◆普通の人が一気に貧困に――汐田総合病院総合ケアセンター室長・松尾ゆかりさん

良弘さんは、ほんとに顔色もよくなり安心しました。日曜版の記事で私たちの病院とつながり本当によかったと思います。

最近、無低診を受けているのは、特別な人ではありません。それまで普通に生活していたのに、会社の倒産などのきっかけで、一気に貧困に陥るようなケースが目立ちます。

私たち民医連（全日本民主医療機関連合会、巻末の「困ったときの連絡先一覧」参照）の病院は、医療相談室で生活の問題まで解決できるよう取り組んでいます。困っているときは、ぜひ、相談室を訪ねてきてください。

### ◆無料低額診療事業とは

Ｑ１．無料低額診療事業とはどんな制度なの？

Ａ．生活困窮者が、経済的な理由によって必要な医療を受ける機会を制限されることがないよう、医療機関が無料または低額な料金で診療をおこなう社会福祉事業です。患者側は、医療費の窓口負担が減額・免除されることになります。減免した分の医療費は医療機関の持ち出しとなります。

## Q2．どのくらいの医療機関がやっているの？

A．07年度の259カ所から、16年度には全国664カ所に増加しています。08年には、日本共産党の小池晃参院議員の質問主意書で政府が抑制姿勢を改めました。貧困と格差が拡大するなかで、民主的な医療機関の積極的な取り組みもあり、大幅に増えています。

## Q3．どんな人が対象になるの？

A．「低所得者」「要保護者」「ホームレス」「DV被害者」「人身取引被害者」などの生計困難者とされています。厚労省の社会・援護局によると、例えば、所得税や市町村民税が非課税の世帯に属する人などが対象になっているとしています。ただ、具体的な運用は個々の医療機関にゆだねられており、実情に応じて柔軟に対応している医療機関もあります。

## Q4．実施している医療機関を知りたい

A．市区町村の生活困窮者担当の窓口や地域の社会福祉協議会に問い合わせてみてください。その際には、「無料低額診療について知りたい」と伝えるといいでしょう。主に、全日本民医連や済生会などの病院・診療所が行っています。全国の実施施設数の約6割が民医連の医療機関となっています。民医連はホームページで実施施設を公開しています。

**Ｑ５．必要な書類などはあるの？**

**Ａ．**年金通知書や給与明細、源泉徴収票、預金通帳などがあると受診までスムーズにすみますが、ないと受けられないということではありません。まずは、無料低額診療を実施している医療機関に相談してください。

## 民間医療保険は本当に必要？――知っておこう！　公的制度

「突然の病気やけがなど万が一の場合に手厚い保障」――。民間医療保険が盛んに宣伝されています。本当に必要でしょうか？　家計診断の専門家・ファイナンシャルプランナーの松山陽子さんがアドバイスします。

### ◆「公的医療保険制度」が強い味方

民間医療保険や民間生命保険の医療特約は、入院や手術に対して、１日いくらという形で保険会社から給付金を受け取るもの。それはありがたいのですが、タダではありません。保険に加入し、保険料を払うことが必要です。

そもそも「保険」とは、万一のときの経済的リスクに備えるものです。しかし、入院や手術にそこまでの経済的リスクはなく、無駄な保険料を払っているのが現状です。

例えば、35歳の男性が入院給付1日1万円、入院手術5万〜20万円の民間医療保険に加入すれば、月額保険料は終身払いで3500円程度。80歳まで支払うと保険料の総額は189万円になります。

松山陽子さん

一方で、入院日数は一般病床の全国平均で16日です。16日入院し、10万円の手術給付金を受けるとすれば、給付額は26万円。「元を取る」には8回以上の入院が必要です。

実は、わざわざ民間医療保険に入らなくても、万が一のときの強い味方が身近にあります。「公的医療保険制度」です。どんな人にも病院での保険医療を受けることを保障し、医療費の自己負担を少なくするための制度です。

例えば、がんになれば医療費が100万円かかるといわれます。100万円は、一般家庭には大変な額ですね。

しかし、これは病院が保険診療でおこなう医療費であって、患者が全額負担する必要はありません。

健康保険・国民健康保険に加入していれば、保険診療の本人負担は原則3割です。

◆認定証が便利

しかも、本人負担が高額になった場合には高額療養費制度があります。表のとおり、標準報酬月額（おおむね１カ月の平均給与）を基準に、月の負担額の上限が決められています。高額になる場合は、あらかじめ「限度額適用認定証」または「限度額適用・標準負担額減額認定証」（加入する保険または市区町村が発行）を申請して提示すれば、限度額を超える請求はありません。いったん払って還付請求することも可能です。

69歳以下で、

表

69歳以下の人の医療費窓口負担の月上限額（世帯ごと）

| | |
|---|---|
| 住民税非課税 | ３万5400円 |
| 年収370万円未満<br>標準報酬月額26万円以下<br>住民税非課税を除く | ５万7600円 |
| 年収370万～770万円<br>標準報酬月額28万～50万円 | ８万100円＋A |
| 年収770万～1160万円<br>標準報酬月額53万～79万円 | 16万7400円＋B |
| 年収1160万円以上<br>標準報酬月額83万円以上 | 25万2600円＋C |

A（総医療費－26万7000円）×１％
B（総医療費－55万8000円）×１％
C（総医療費－84万2000円）×１％

70歳以上の人の医療費窓口負担の月上限額

| | 外来＋入院 | 外来（個人） |
|---|---|---|
| 年金収入80万円以下 | １万5000円 | 8000円 |
| 住民税非課税世帯 | ２万4600円 | 8000円 |
| 年収370万円未満<br>標準報酬月額26万円以下<br>住民税非課税世帯を除く | ５万7600円 | １万8000円<br>（年間上限<br>14万4000円） |
| 年収370万～770万円<br>標準報酬月額28万円以上 | ８万100円＋A | |
| 年収770万～1160万円<br>標準報酬月額53万円以上 | 16万7400円＋B | |
| 年収1160万円以上<br>標準報酬月額83万円以上 | 25万2600円＋C | |

標準報酬月額が28万～50万円なら、月約9万円が負担の上限。26万円以下なら、上限は5万7600円です。70歳以上は、上限が同額か、下がります。

それくらいの金額なら、何とかなると感じた人が多いのではないでしょうか。

## ◆保険の見直しを

生命保険も過大に入っている人が少なくありません。不況で給料が激減し、食費や光熱費を節約する努力をしているのに、生命保険や医療保険に多額の保険料を払い続けている人も。

将来への不安↓過剰な保険に加入↓保険料が家計を圧迫↓貯蓄ができず不安——という悪循環に陥っているのではないでしょうか。

「万一」が起きる確率、その際の負担額、家計への影響などを考慮し、ニーズに合った最小限の保険を厳選してください。そのためには、公的医療保険制度や公的年金制度の知識を深めることも必要です。

何でも保険でまかなうのでなく、無駄な保険料は貯蓄に回して「万一」に備える。それが何よりも大切です。

あなたは、過剰な医療保険・生命保険に入っていないでしょうか？　この機会にぜひチェックしてみてください。

国は社会保障制度の改悪をするのではなく、公的医療保険制度を守っていってほしいですね。

## 国民健康保険の一部負担金減免制度

病気などで仕事ができなくなり、医療費の負担が大変――。そんなとき、高い窓口負担を減免できる可能性があります。自治体による国民健康保険の一部負担金減免制度です。

### ◆治療続けられ助かった

「減免を受けられてありがたい」。こう話すのは、岐阜市で飲食店を営む瀧本美千代さん(67)です。２０１５年2～7月の半年間、国保の一部負担金減免制度で窓口負担約21万円が全額免除されました。

１４年夏ごろ、「胃が張った状態」で食事が進まず、「痛い、痛い」と言いながら湿布でしのいでいました。同年11月、検査で胃がんが進行していると判明。１５年1月、胃を全部摘出する手術を受けました。

2月から抗がん剤治療を始めました。窓口3割負担で月6万～7万円にのぼります。高額療養費制度を利用しても月3万５４００円の負担が必要です。

しかし、店を開けられず、わずかな年金収入しかない――。瀧本さんは「店を閉めて、治療費に回すしかない」と思いつめました。

岐阜北民主商工会（民商）の役員をしていた瀧本さん。会議で窮状を訴えると、「国保の一部負担金減免制度がありますよ」とアドバイスを受けました。助言したのは「岐阜市国保を良くする会」会長でもある森下満寿美さんです。

「この人が使えなんだら誰が使えるのかと思いました」と森下さん。日本共産党の井深正美市議に相談し、市に減免申請。3月、「一部負担金免除証明書」が出されました。「10割」の全額免除です。

すでに支払っていた2月分の医療費は窓口で返金してもらい、3～7月は窓口負担ゼロ。7月の検査では、がんが転移していないことも分かりました。

窓口負担が重いままだったら「治療をやめていた可能性がある」と瀧本さん。無事治療を受けられ、営業再開の準備を進めています。

森下さんは「減免制度をきちんと使って治療に専念し、社会復帰させていくのが社会保障のあり方。市はもっと市民に知らせるべきです」と。岐阜北民商の早野幸広事務局長は「減免申請は権利です。医療費の支払いが大変な人が当たり前に申請できるよう運動していきたい」と話します。

## ◆共産党岐阜市議団の質問で改善

岐阜市の減免制度は、災害による損害、事業の休廃止や失業などで収入が著しく減少した場合が対象。収入が生活保護基準の１・１倍以下で、預貯金が同３カ月以下などの条件があります。収入などにより窓口負担の2〜10割を減免します。入院・通院ともに対象です。制度の改善もされています。これまで国保料滞納世帯は減免制度を受けられませんでした。日本共産党市議団の議会質問に対し、市は１５年６月、「分割納付をしている場合は減免の対象とする」と答弁。７月に市の減免要綱が改定されました。

### ◆一部負担金の減免制度とは

国保法44条は、「一部負担金を支払うことが困難」な国保加入者の一部負担金を、保険者（自治体）が「減額」「免除」できるとしています。全国１７１６保険者のうち１３８０（約8割）で条例などを作っています。（１６年４月１日現在、厚生労働省調査）

## Ｂ型肝炎治療に給付金と助成制度

集団予防接種の注射器使い回しでＢ型肝炎ウイルスに感染した被害者は、40万人以上といわれます。その多くがみずからの感染に気付かず、肝硬変や肝がんなどに重症化し、高額な治療費に苦しんでいます。Ｂ型肝炎訴訟の原告団・弁護団の運動が実り、給付金や医療費助成制度ができましたが、給付金を受給している人はごく一部です。

## ◆負担和らぎホッとした――全国B型肝炎訴訟東京原告団幹事・亀田信昭さん

全国B型肝炎訴訟東京原告団幹事の亀田信昭さん（72）がB型肝炎ウイルス感染を知ったのは、簡単な手術で入院した40歳のときです。

当時は慢性肝炎などを発症していない「無症候性キャリア」で、医者からも「様子を見ましょう」と言われ、半年に1回程度、通院していました。

建築士として仕事に追われる中、徐々に通院を怠るようになりましたが、自覚症状は全くありませんでした。

69歳の秋、自治体の検診で肝機能検査の数値の異常を告げられ、翌日に総合病院で精密検査を受けると、肝がんだと宣告されました。

亀田信昭さん

その年の12月に肝臓の3分の1を切除する手術を受けました。しかし、4カ月後にがんが再発して再手術。がんの再発と手術を計4回繰り返しました。

亀田さんには、ウイルスの活動を抑える治療と肝がんの再発を抑える治療が必要です。

70歳のとき参加した医療講演会で弁護団に出合い、給付金や医療費助成制度などを知りました。

弁護団に相談して提訴、2016年に和解となり、給付金を受け取ることができました。「家族の経済的な負担を和らげることができる、とホッとしました」と話します。

病院の肝臓専門医から、給付金や医療費助成制度の話をされたことがなかったという亀田さん。各地の病院訪問に力を入れ、原告団、弁護団が給付金や各種医療費助成の制度などを要約したリーフレットを、担当医からB型肝炎患者へ手渡してもらうよう依頼。制度の周知と普及案内の活動に励んでいます。

## ◆推定40万人が被害、相談を――全国B型肝炎訴訟弁護団・横山恵美子さん

私たち全国B型肝炎訴訟弁護団は患者と手をつなぎ、集団予防接種での注射器連続使用の危険を知りながら必要な手だてをとらなかった国の責任を問い続けてきました。11年、被害者救済の基本合意が結ばれました。

横山恵美子さん

集団予防接種によるB型肝炎ウイルス感染者は給付金（表1、84ページ）を受給できます。ウイルス感染しているのに症状がなく感染に気づかない無症候性キャリアの人もかなりいるので注意が必要です。

肝炎は早期の発見・治療が大切です。自治体のウイルス検査は

無料ですので、ぜひ受けてください。

集団予防接種を受けた記録がなくても、①生年月日が１９４１年７月２日以降、②Ｂ型肝炎ウイルスに持続感染（血液検査でＨＢｓ抗原が６カ月以上プラス）——を満たせば受給対象者の可能性があります。

受給には、被害者が個別に、国に損害賠償を求めて提訴（２０２２年１月12日まで）、和解することが必要です。推計被害者40万人のうち和解した人は全国でまだ約２万人にとどまっています。諦めたり遠慮したりせず、弁護団に相談してください。

給付金以外に、Ｂ型肝炎治療費の助成制度（表２）もあります。

現在、Ｂ型肝炎ウイルスの活動を抑制する薬はありますが、ウイルスを体から排除する薬は

**表１　Ｂ型肝炎「給付金」**

| | |
|---|---|
| 死亡、肝硬変（重度）、肝がん | 3600万円 |
| 肝硬変（軽度） | 2500万円 |
| 慢性肝炎 | 1250万円 |
| 無症候性キャリア | 50万円＋定期検査費用等 |

※一度、「対象者」と認められれば、病態が進んだときにも給付金の差額（追加給付）を受給できます。
※無症候性キャリアは20年を経過した場合。その他は20年を経過した場合、減額されます。

**表２　Ｂ型肝炎治療費の助成を受けたときの自己負担限度額**

| 世帯の区市町村民税（所得割） | 自己負担限度額 |
|---|---|
| 23万５千円未満 | 月１万円 |
| 23万５千円以上 | 月２万円 |

※対象となる治療は、インターフェロン、核酸アナログ製剤です。
※助成を受けるためには、お住まいの都道府県への申請が必要です。都道府県によっては、非課税世帯の自己負担限度額が０円になるところがあります。

## 以下の方はご相談を

- □ Ｂ型肝炎ウイルスに持続感染している＝ＨＢｓ抗原が６カ月以上プラス
- □ 満７歳になるまでに集団予防接種を受けた
- □ 1948年７月１日～1988年１月27日の間に、集団予防接種を受けた

※ほかの弁護士事務所で断られたケースでも対象者となる場合もあります。

ありません。重症化させないよう継続的な治療が必要です。そんなときに助かるのが、この助成制度です。集団予防接種が原因でなくても利用できます。

ウイルス性肝硬変・肝がんの医療費助成は、18年12月にスタートし、ほかに障害年金、障害者手帳の制度もあります。

「給付金を受給したら終わり」ではありません。受給後も病気とのたたかいは続きます。全国弁護団の弁護士は各地に約700人。患者と医療講演会や交流会を開催しています。最新の治療や助成制度の情報を聞くことができ、悩みを共有できる仲間をつくれます。ぜひ参加してください。（巻末の「困ったときの連絡先一覧」参照）

## 介護保険料滞納――特別の事情で罰則解除

高い介護保険料を払えずに2年以上滞納すると、ペナルティー（罰則）として、介護サービスの利用料が1割から3割負担になります。しかし、介護保険法に基づく「特別の事情」があるときは、ペナルティーが解除されます。

◆負担4倍のところを……

介護保険料の滞納を理由にペナルティーを受けていた、埼玉県川口市のAさん（88）。在宅介護サービスの利用料は、通常の3倍の月6万数千円にもなりました。

重くなった利用料は離れて暮らす子どもたちが払っていました。子どもたちの負担も限界で、これ以上、介護サービスの回数を増やしたくても増やせませんでした。

Aさんは、ヘルパーが来るとき以外は、室内で独りで過ごすことがほとんどでした。足腰の衰えや認知症の症状が進行し、介護保険の認定は2017年7月末、要介護2から要介護4に重くなっていました。

表1　3割負担で負担が急増

| | 1割負担 | 3割負担 |
|---|---|---|
| 利用料 | 2万6160円 | 7万8480円 |
| 食費 | 9000 | 5万1000 |
| 居住費 | 0 | 2万5200 |
| 日用品費 | 6180 | 6180 |
| **計** | **4万1340円** | **16万860円** |

Aさんは8月から特別養護老人ホームに入所。数年前から入所申し込みをしていましたが、ようやく順番が回ってきたからです。

この特養の利用料は、本来の1割負担の場合、月4万1340円です。ペナルティーで3割負担になり、低所得者向けの給付も受けられないAさんは、月16万860円と4倍近くになるはずでしたが……。（表1）

そのころ生活保護を利用するようになったAさんは、利用料が本来の1割負担に戻りました。

生活保護の利用者は、介護保険法に基づく「特別の事情」の一つにあたり、ペナルティーが解除されるからです。

本来の負担も生活保護の介護扶助で給付されるため、自己負担はありません。

実は、介護保険料の滞納が明らかになったときから、Aさんの娘がその支払いについて日本共産党の今井はつえ・川口市議に相談していました。今井議員は、無年金で生活が苦しいAさんが生活保護を申請するよう勧めていました。

Aさんは特養に入所できたことで人とのかかわりが増え、表情が明るく生き生きしてきました。特養入所者や子どもたちとの会話も増えました。娘は「生活保護の受給で3割負担をしなくてもすむようになり、母も私たちも生活が助かっています。今井さんに相談してよかったです」と話します。

**◆解除条件は被災、収入減、生活保護利用……**

介護保険料の滞納期間が2年以上になった場合、国は滞納者に、▽介護サービスの利用料の1割、2割負担から3割負担への引き上げ（利用料3割負担の人は4割に）、▽高額介護サービス費の支給停止――などのペナルティーを科しています。

しかし、介護保険法69条は「特別の事情」があるときはペナルティーを解除するとしています。

「特別の事情」には、災害や長期入院による著しい収入減などのほか、「被保護者であること」もあります。（表2）

つまり、生活保護を利用している人もペナルティーの対象外になります。

生活保護は、憲法25条に規定した国民の生存権に基づく制度です。生活保護を利用する人にペナルティーを科さないのは当然のことです。

また、利用料を3割負担することで収入が生活保護基準以下になる人も、ペナルティーの対象外になります。

表2

**介護保険料の滞納者の利用料3割負担を解除する「特別の事情」**

- 要介護被保険者または世帯の主な生計維持者が、災害により住宅、家財などの財産に著しい損害を受けた
- 要介護被保険者の世帯の主な生計維持者が、死亡、重大な障害、長期入院、事業の休廃止や著しい損失、失業、農作物の不作、不漁などにより、収入が著しく減少した
- 要介護被保険者が被保護者（生活保護利用者）であること
- 要介護被保険者が要保護者（生活保護を必要とする人）で、給付減額の記載（ペナルティー）を受けないとしたならば保護を必要としない状態になること

※介護保険法69条、同法施行令35条、同法施行規則113条から作成
※災害や収入減などの場合は申請が必要です

## コラム　高額葬儀トラブル——生前準備で後悔しない

突然訪れるかけがえのない人との別れ。遺族は悲しみにひたる間もなく葬儀の準備に追われ、その内容を検討する時間もありません。高額な請求をされるなどのトラブルも起きています。気を付けておきたいポイントは——。

——義父の急死で、慌てて電話帳で葬儀社を選んだ。「お金がない。家族葬を」と希望を伝えたが、一般葬を強く勧められた。延々6時間ものやりとりで根負け、約１５０万円の一般葬を契約してしまった。（60代女性、青森県）

——入院中の父が亡くなり、病院から葬儀社を紹介された。「費用は80万円」と説明され、契約。ところが葬儀社から「司会」や「通夜ぶるまい」などの追加サービスを説明され、おろおろして総額も分からない

**葬儀サービスの相談件数の推移**

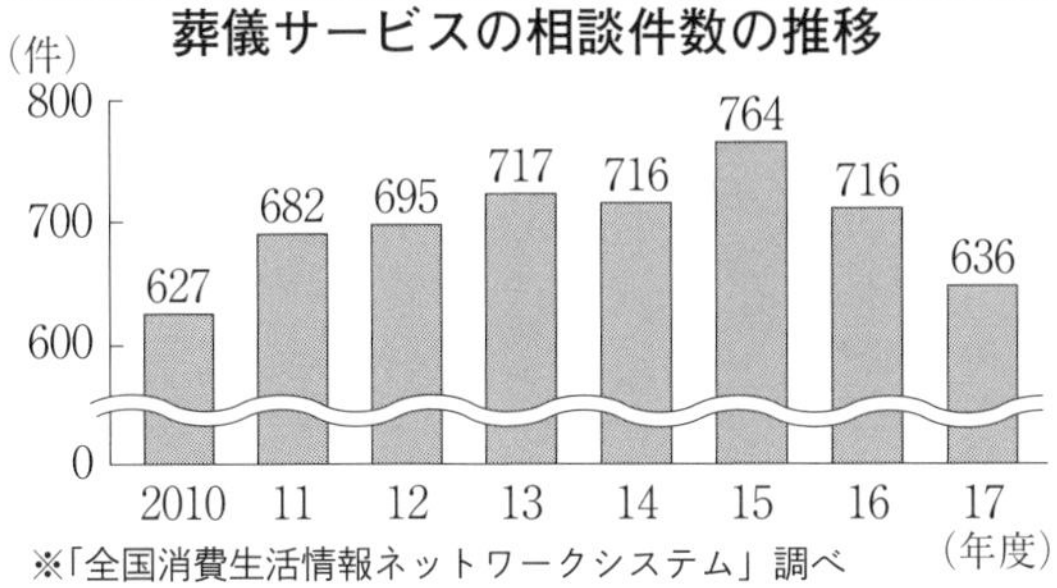


※「全国消費生活情報ネットワークシステム」調べ

まま了承。葬儀終了後、約150万円を請求された。（40代男性、東京都）

国民生活センター（巻末の「困ったときの連絡先一覧」参照）に寄せられた実際の相談事例です。こうした葬儀費用などのトラブルの相談が後を絶ちません。

同センター相談情報部の小池輝明さんは、相談事例から見える特徴をあげます。

「遺族は短時間でさまざまな判断をしなければなりません。悲しみで冷静な対応ができないことが多い。慎重に葬儀社を選べず、葬儀社の説明も十分に理解できないことがあります」

### 事前の五つの心得

○もしもの時に慌てないよう、家族や親族で葬儀について相談しておく
○「こんな葬儀にしたい。予算は○○円です」と業者にはっきり伝える
○業者とのやりとりは1人ではなく家族など複数で。口頭ではなく文書で確認
○見積書を必ずもらう。料金に何が含まれているか、何が追加料金になるのか、細かい項目ごとに確認する
○見積もり以外の費用がかかるときは、必ず事前に相談するよう業者に伝える

### ◆不透明な料金

寝台車、棺《ひつぎ》、白布、ドライアイス、遺影、生花、収骨容器、案内看板、飲食費、返礼品、花輪、スタッフ人件費……。料金には明確な基準がなく、セットになっ

ているサービスの内容も業者ごとにバラバラ。追加サービスで請求金額が高額になることも、トラブルの一因になっています。

「必ず見積書をもらい、内容をよく確認するようにしましょう。料理や香典返しの料金などは参列者数で変わります。葬儀社を選ぶ際は、費用や内訳についてていねいに説明してくれるかどうかが、ひとつの目安になります」（小池さん）

全国の葬祭業者の事業所数は約９千。ホテルや石材店など異業種からの参入も増えています。営業には許認可も届け出義務もありません。

いざというときに慌てて業者を探し、どんな業者かもよく分からないまま、契約してしまうのは危険です。

小池さんは強調します。「あらかじめ、どのような葬儀にしたいか、家族や親族等で話し合っておきましょう。地域の葬儀社を訪ね、葬儀に関する情報収集をしておくことも大切です。訪ねた際、『こういう葬儀にしたい』ときちんと伝えて、費用等について説明してもらいましょう」

## ◆比較検討して

葬祭専門業者でつくっている東京都葬祭業協同組合の近藤俊彦副理事長も、業者との事前の相談が大事だと話します。

「『こういう葬儀にしたい。予算は○○円です』とはっきり伝えてください。そうすれば私たちもいろいろ提案できます。複数の業者から見積もりを取って比べ、分からないことは遠慮なく聞いてください。それでいやな顔をする業者はお勧めできません」

◆故人や遺族の望む形で――ジャーナリスト・柿田睦夫さん

亡くなった人の埋葬行為に関する法律はありますが、葬儀に関する法律はありません。葬儀は法律上、してもしなくてもいいのです。だから本来、ああしなければならない、こうしてはいけないという決まりはありません。

では、私たちはなぜ葬儀をしてきたのか。残された人たちが悲しみを共有し、悲しみの気持ちに区切りをつけて元の生活に戻ることを促す場だからです。

葬儀は人々が歴史の中で育んできた文化の一つです。社会の変化とともにその形も変わっていきます。葬儀は、故人や遺族が望む形でやればいいのです。

# 第4章　生活保護編

## こんな場合は利用できるの？

生活に困ったとき、最後のよりどころとなる生活保護。読者から寄せられた「こんな場合は利用できるのか？」などの質問について、法律家や支援者らでつくる生活保護問題対策全国会議事務局長の小久保哲郎弁護士に答えてもらいました。

**Q1．借金があっても利用できる？**

A．利用できます。借金の有無は保護の利用要件に入っていません。ただ、保護費は最低限度の生活を営む額しか支給されません。そこで国は、全国の自治体に、借金を抱えた人が保護を申請した場合、申請を受け付けると同時に、破産手続きなど債務整理をすすめるよう求めています。

**生活保護法第2条**
すべて国民は、この法律の定める要件を満たす限り、この法律による保護を、無差別平等に受けることができる。

小久保哲郎さん

**Q2．現金や預貯金が少しでもあるとダメなの？**

A．所持金額が、国の定めている世帯ごとの最低生活費（保護費）を下回る場合には利用できます。
最低生活費は、地域や世帯の構成で大きく違ってきます。例えば東京都（23区内）で単身の場合、約13万円になります。半月分を超える部分は最初の保護費を減らされるので、所持金が6万5千円を切ってから申請すると良いでしょう。家族が多ければ最低生活費は上がりますので、持っていても大丈夫な所持金額も上がります。

**同法第4条**
保護は、生活に困窮する者が、その利用し得る資産、能力その他あらゆるものを、その最低限度の生活の維持のために活用することを要件として行われる。

**Q3．生命保険は解約が必要？**

A．必ずしも、すべてを解約する必要はありません。生命保険を解約しても返ってくるお金（返戻金）が少なく、保険料も高額でなければ、解約しなくても大丈夫です。

厚生労働省の通知によると、その目安は、解約返戻金が最低生活費のおおむね３カ月分以下、保険料が最低生活費の１割程度以下となっています。例えば大阪市で単身の場合、返戻金が36万円以下、保険料が１万２千円以下ぐらいだと解約しなくても大丈夫です。

入院などで保険金が入ったり解約して返戻金を受けたりしたら、原則としてその額を保護費から役所に返還することになりますが、世帯の自立に役立つ費用に使うことは認められることがあります。

厚労省課長通知

（解約）返戻金が少額であり、かつ保険料額が当該地域の一般世帯との均衡を失しない場合に限り……解約させないで保護を適用して差し支えない。

Q４．住宅ローンが残っているけど……

A．原則としては利用できませんが、例外もあります。

厚労省の通知では、①ローン支払いの繰り延べが行われている、②ローンの残りの返済期間が短く、支払額も少額である――のいずれかの場合には、ローン付き住宅の保有を認め、保護を適用して差し支えないとしています。

住宅ローンを滞納していて支払えない状態に陥っている場合は①に当たります。

住宅が競売にかけられて、出て行かなければならない場合には、新住居の保証金や引っ越し代を保護費から出してもらうこともできます。

### ◆国民の命を守る〝最後のとりで〟

生活保護は憲法25条に明記された国民の生存権を守る〝最後のとりで〟です。国は、地域や世帯の人数、年齢などによって最低生活費を定めています。この最低生活費よりも実際の収入が低い場合に差額を生活保護として受給できる仕組みです。申請窓口は居住地などの福祉事務所や役場の生活保護担当です。

## 高校生のアルバイトで生活保護費引かれません

修学旅行費用を工面するため子どもがアルバイトしたら、収入認定され、生活保護を打ち切られた――。こんなことが茨城県水戸市のひとり親家庭で起きました。相談を受けた地元の日本共産党市議が直ちに動き、市の誤った打ち切りを是正させました。

## ◆修学旅行費、免許取得費は控除の対象

水戸市の鈴木恵さん（48、仮名）は、茨城県立高校2年の息子と小学6年の娘の3人で暮らしています。事務仕事の月収と児童扶養手当、児童手当を合わせた月約16万円では厳しく、月4万円の生活保護費を利用しています。

息子は2016年4月から飲食店のアルバイトを始めました。修学旅行の費用を賄うためでした。恵さんは息子のアルバイト代月約5万円を収入として市に申告しました。

ところが同年9月下旬の午後9時すぎ、市の担当者から突然、電話が入りました。「4月から生活保護費を払いすぎてしまった。返してもらわないと困る」というのです。息子のアルバイト代で世帯の収入が生活保護基準額を超えたとして、支給しすぎた生活保護費の返還を求められたのです。10月分は銀行口座に振り込まれたものの、同月末には、それを含めた約9万5千円の返還請求通知が届きました。

そして11月には、毎月口座に振り込まれていた生活保護費が止められました。

恵さんは、市に返金するどころか、月2万円の家賃も払えなくなりました。預金通帳の残高はわずか数万円になりました。

困り果てた恵さんは11月上旬、職場の日本共産党員の同僚のアドバイスで、同党の中庭次男《つぎお》市議に相談しました。

中庭市議が市に問い合わせたところ、修学旅行の費用がアルバイト代から控除されていない

ことが判明しました。控除すれば世帯の収入は生活保護基準額を下回り、生活保護を利用できます。

市は誤りを認め、生活保護の停止決定を撤回。約9万5千円の返還請求を取り下げました。さらに、本来の生活保護費を計算し直し、支給済みとの差額、約14万8千円を追加支給しました。

今後、息子の自動車運転免許の取得費用約33万円を、アルバイト代から控除することになりました。

恵さんは「こんな制度があることを初めて知りました。中庭さんに相談して本当によかった」と喜びます。

生活保護利用世帯の高校生のアルバイト代からは、基礎控除と未成年者控除だけでなく、修学旅行費用なども控除できます。

中庭市議は、アルバイトをしている高校生がいる生活保護利用世帯の控除の実態調査を市に

## 生活保護の収入認定の仕組み

生活保護費の基準は、厚生労働相が定めます。住んでいる地域や家族構成に応じて計算します。

収入があっても、生活保護基準以下であれば、差額を生活保護費として受給できます。

この場合の収入は全額ではありません。

就労収入のうち、一定額を収入から控除します。これを勤労控除といいます。

勤労控除には、基礎控除（月額1万5千円までは全額控除、1万5千円を超える場合は、1万5千円と超過額の10％の合計額を控除）、新規就労控除（月1万1100円、就労から半年間）、未成年者控除（20歳未満が対象、月1万1400円）があります。

これ以外にも、通勤費など必要経費も収入から控除します。

控除後の金額を、生活保護費を計算するときの収入として認定します。

求めました。

生活保護利用世帯でアルバイトをしている高校生は42人。そのうち、修学旅行費用や自動車運転免許の取得費用などが目的であるにもかかわらず、アルバイト代から控除されていない高校生が34人もいることが分かりました。

中庭市議は、16年の12月市議会で、子どもの貧困が社会問題となるなかで制度の徹底が急がれると強調。34人の世帯へ早急に説明し、必要な控除をおこなうよう求めました。市の保健福祉部長は、「34人の高校生について収入状況を確認し、必要な控除を行っていく」と答弁。適正な制度の運用をしていくことを約束しました。

## ◆就労・自立のための費用は収入認定しない――全国生活と健康を守る会連合会会長・安形《あがた》義弘さん

安形義弘さん

生活保護費の「高等学校等就学費」でまかないきれない経費、就労や自立に役立つ技能・資格取得の経費は、子どものアルバイト収入から除外することができます。

この制度は、福祉事務所職員の現場での対応に関する厚生労働省の考え方をまとめた『生活保護手帳』に書かれています。

鈴木恵さん（仮名）が息子さんのアルバイト収入の申告をした時点で、福祉事務所は、修学旅行費用などがアルバイト収入から控除できる制度があることを伝え、対応すべきでした。これが本来の福祉事務所の仕事です。「子どもたちを高校に進学させたい」という当然の願いさえ、生活保護利用世帯には厳しい時代がありました。

福岡市では、生活保護を利用しながら子どもの進学費用のために加入していた学資保険が満期となり、戻ってきたお金を収入認定され、生活保護費を減額される問題が起きました。父娘が1991年、減額を不服として、収入認定処分の取り消しを求めて市を相手取り提訴しました。

最高裁は04年3月、「保護費の使途は原則として自由」とした高裁判決を受けて、「高校進

## こんな経費が対象

生活保護世帯の高校生の就労収入（アルバイト代を含む）からは基礎控除、未成年者控除のほか、以下の経費が控除できます。

❶生活保護費では、学用品や通学用品などの基準額として「高等学校等就学費」が支給されています。「高等学校等就学費」の支給対象とならない経費、および「高等学校等就学費」でまかないきれない経費は、就学のために必要な最小限度の額を収入から控除できます。

例示

- **私立高校の授業料**
- **修学旅行費**
- **クラブ活動費**
- **学習塾費等**

❷就労や早期の保護脱却に役立つ技能・資格取得の経費も、必要最小限度の額を収入から控除できます。

例示

- **自動車運転免許等**
- **就労に役立つ資格取得が可能な専修学校、各種学校、大学の就学経費（入学料等に限る）**
- **就労や就学に伴って直ちに転居の必要がある場合の転居費用**
- **国や地方自治体などの貸付資金などの返済金（生活福祉資金など）**

（『生活保護手帳2017年度版』から）

福祉事務所を訪れ、それらの経費が就学、就労や自立のために必要だと実態を詳しく訴えます。あわせて自立計画書を提出します。

※例示は、厚生労働省があげている〝最小範囲の事例〟です。高校生活では「高等学校等就学費」を超えて、パソコン機器や専攻科で使う道具などさまざまな費用がかかります。自立計画書を積極的に提出し、さまざまな費用を必要経費として収入から除外するよう認めさせていくことが大切です。

学のため費用を蓄えることは、生活保護法の趣旨に反しない」との初判断を示し、原告側勝訴が確定しました。これにより国は生活保護の実施要領を改正。０５年度から生活保護に「高等学校等就学費」が新設され、高校進学費用が支給されるようになりました。生活保護費を原資とした学資保険の保有も認められるようになりました。

高校生活、また進学や就職の準備費用は、大きな負担になっています。福祉事務所にさまざまな費用が就学、就職などのために欠かせないことを主張する自立計画書を提出し、この制度を広げ、さらに改善していきましょう。

## 過誤払い――85万円返還請求止めた

### ◆東京地裁判決が力に

役所から突然、〝生活保護費を払い過ぎていたので、払い過ぎた分を全額返してください〟と告げられたら……。各地でこのようなことが起こり、問題になっています。そんなときに知っておきたいのが、役所による無理な返還請求を戒めた、生活保護費の過誤払い裁判の東京地裁判決です。

生活保護の利用者は、収入を役所に申告します。それをもとに役所が保護費を計算し、払う仕組みです。ところが……。

### ◆生活と健康を守る会と出合い

愛知県豊橋市で2017年7月下旬、生活保護費の障害者加算を払い過ぎていたという過誤払いが明らかになりました。明らかに市のミスで、過誤払いは29年間におよび、払い過ぎたのは該当30人で約1500万円。市は時効になっていない分、約935万円の返還を求めました。

7月末、田中昭さん（48、仮名）にも障害者加算の過誤払い分約85万円の一括返還を求める通知書が届きました。田中さんは躁《そう》うつ病で、事業所で働いていますが、体調が悪い日もあり、賃金は月1万円ほどです。

賃金と障害厚生年金（3級）、生活保護費を合わせた収入は月約12万円。家賃月3万円と水光熱費、食費を出せば、いくらも残りません。

田中さんは「85万円なんてとても返せない。でも、市のいうことをきかなければ生活保護が止められるのでは、と不安でした」と振り返ります。

田中さんはインターネットで、返還請求の疑問について発信。それをきっかけに、豊橋生活と健康を守る会（豊橋生健会）と出合いました。豊橋生健会が8月1日におこなった市生活福祉課との交渉では、市が生活保護費の過誤払いをめぐる東京地裁判決を知らなかったことが明らかになりました。

同会は、市が東京地裁判決の趣旨に従い、返還請求を撤回することを要求。宣伝や交渉を繰り返しました。

市は、当事者の生活費、就労や自立のために必要な経費などを調査し、９月28日、全世帯に返還を求めないことを決定しました。

田中さんは「これで安心です。生健会のみなさんのおかげで助かりました」と喜びます。

**◆東京地裁判決とは**

返還を求めないと市が判断する際の大きな根拠となった、東京地裁判決とは――。

都内の福祉事務所から、過誤払いされた生活保護費の返還を迫られた母子家庭の母親が、１５年10月、福祉事務所を相手取り、過誤払い返還処分を取り消すよう東京地裁に提訴しました。

東京地裁は、１７年２月１日、「生活保護法63条（費用返還義務）に基づく返還金額の決定処分を取り消す」との原告勝訴の判決を言い渡しました。都は控訴せず、判決は確定しました。

判決は、生活保護法（１条）が、憲法25条の生存権に基づき、国民の最低限度の生活の保障と自立の助長を目的としていることに言及しました。

生活保護利用者に保護費の返還を義務付けた生活保護法63条は「全額の返還を一律に義務付けるのではな（い）」と指摘。福祉事務所の判断で、資産や収入の状況、生活実態などにより「返還金の返還をさせないことができる」と述べています。（表、１０４ページ）

## 表　東京地裁判決のポイント

### 返還より生活保障が先

●生活保護法１条は「生活に困窮する国民の最低限度の生活を保障するとともに、その自立を助長することを目的としている」

●「全額を一律に返還させたのでは、最低限度の生活の保障の趣旨に実質的に反するおそれや、その自立を阻害することとなるおそれがある」

●したがって、返還を求める額は「保護の実施機関の合理的な裁量に委ねたものと解される」

### 「返還ゼロ」の判断も可

●生活保護利用者の資産や収入の状況、生活実態などに照らして「返還をさせないことが相当であると保護の実施機関が判断する場合には、当該被保護者に返還金の返還をさせないことができる」

### 無理な返還請求は違法

●返還を求める額が「法の目的や社会通念に照らして著しく妥当性を欠くと認められる場合には…裁量権の範囲を逸脱し又はこれを乱用したものとして違法となる」

憲法が保障する「最低限度の生活」が、生活保護法63条の返還義務より優先されることを示したのです。

豊橋生健会の太田光男会長は「市は東京地裁判決にならって、生活保護利用者の生活や自立に必要な費用などを調査し、返還請求しないことを決定しました。各地で生活保護の過誤払いが起きていますが、東京地裁判決を力にたたかえると思います」と話します。（全国生活と健康を守る会連合会の連絡先は巻末の「困ったときの連絡先一覧」参照）

# 第5章　給付金・助成金・障害者手帳編

## 就学援助――入学準備金を入学前に支給

子どもたちが入学、進級する4月。うれしい半面、親にとって頭が痛い、入学や進級にともなう多額の出費。制服の購入などの入学準備で10万円近くかかることも。そんなとき、知っていて、助かるのが就学援助制度です。入学準備金の支給を、入学準備に間に合うよう、入学後から入学前に前倒しする自治体が急増しています。

### ◆支給が早くなってホッとした

中学校の入学準備金の支給が、2017年春、6月から3月に前倒しされた札幌市。「支給が早くなってうれしい。助かります」。シングルマザーの梅田理奈さん（43）は語ります。

同年4月から長女が中学1年生。制服、ジャージー、学校指定の上靴、通学かばんなど、入学準備の費用は約7万7千円に達しました。

梅田さんは障がい者通所事業所で正社員として働き、収入は手取りで約15万円。「中学校の入学準備にはお金がかかる」とママ友から聞き、外食を減らすなどして貯金をしてきました。長女には小さくなった上靴を我慢して履いてもらいました。

ところが17年2月、急に親戚が亡くなり、香典や長女の礼服などの出費が必要に。貯金を取り崩しました。

制服代などの支払いにはクレジットカードを使いましたが、3月末に入学準備金4万7400円が振り込まれ、ホッとしています。

日本共産党市議団は、入学準備金の入学前支給や就学援助の金額引き上げを求めてきました。新日本婦人の会北海道本部や札幌市内の支部も、制度の改善を求めて市と交渉。そうした中で市は、3月支給の実施と金額の倍増を決めました。

梅田さんは話します。「前年までのお母さんは大変だったと思う。制服などを買うのは3月初めなので、実態に合わせてさらに改善してほしい」

## ◆実施する自治体が急増

日本共産党は国会や地方議会で、就学援助の入学準備金の入学前支給とその増額を繰り返し要求してきました。

１６年５月24日の参院文教科学委員会。田村智子議員は、入学準備金の支給が遅いため制服をそろえられない問題を取り上げ、「必要な時期に必要な額が支給されるように」と求めました。文部科学省は「必要な時期に必要な支給が行われるということが望ましい」（初等中等教育局長）と答えました。

１７年３月８日の衆院文部科学委員会。畑野君枝議員は、入学前支給に踏み出す自治体が増えており、「国としても前倒しの支給を決めていただきたい」と要求しました。文科省は「中学校は補助対象とすることが可能。小学校も市町村の動きを踏まえ、鋭意検討を行っている」（初等中等教育局長）と答えました。

畑野氏は、同22日の同委員会でさらに追及。松野博一文科相（当時）は、「小学校入学前の者も国の補助対象にできるよう、補助金の交付要綱の改正を検討している。前向きに対応したい」と答えました。

文科省は同31日、交付要綱を改正。入学準備金の支給は小学校入学前も可能としました。これにより、就学援助の入学準備金を入学前に支給す

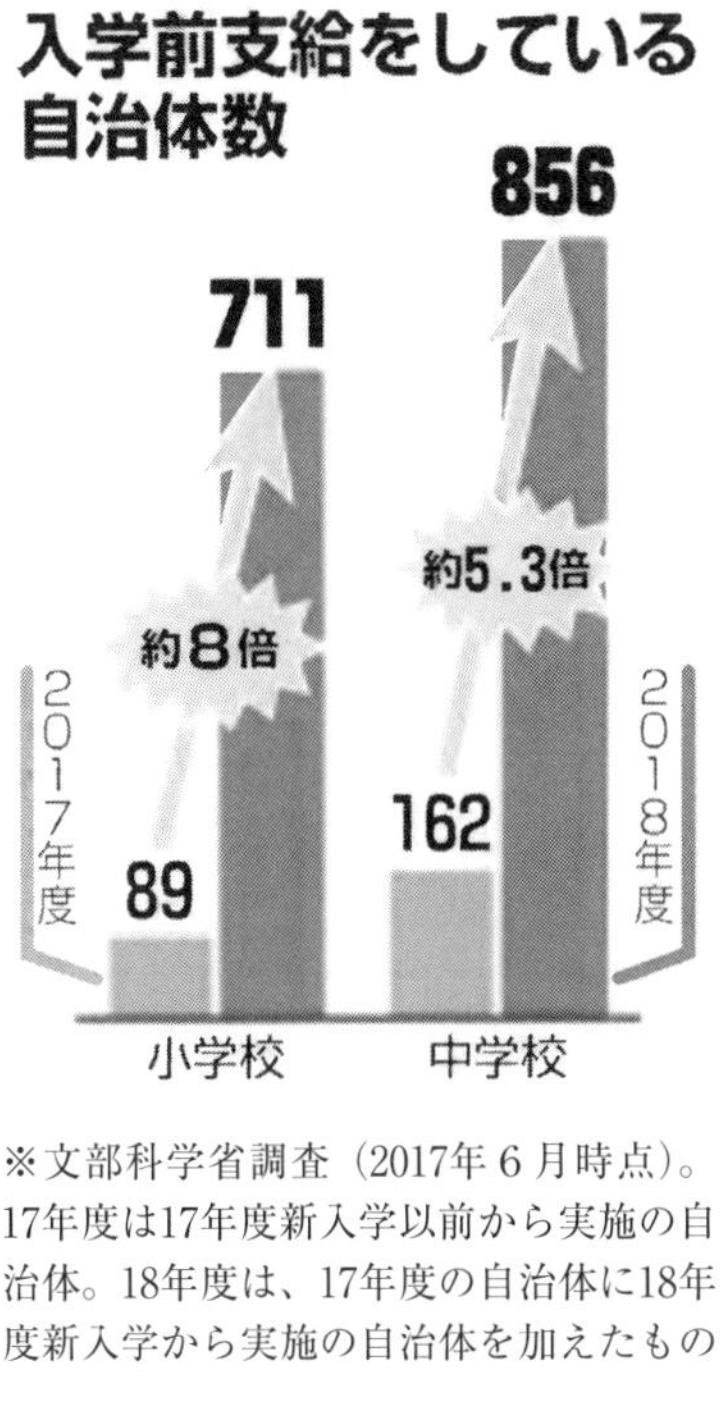


※文部科学省調査（2017年６月時点）。17年度は17年度新入学以前から実施の自治体。18年度は、17年度の自治体に18年度新入学から実施の自治体を加えたもの

る自治体は、１８年4月入学分から急増しました。１７年に比べ小学校は約8倍。中学校は約５・３倍です。（グラフ、１０７ページ）

入学前支給の自治体は、小学校で全体の40・６パーセント、中学校で49・１パーセントになります。

## ◆本当に助かっています

東京都世田谷区の小西美恵さん（43、仮名）は、女手一つで小学4年生の長女（10）を育てています。９年前に離婚し、現在はシングルマザー。パートで働き、月収は手取り11万円ほど。実家のため家賃は要りませんが、生活に余裕はありません。

そんななかで長女の教育費は、小学校からは毎月、図工の材料費や問題集代などで2千円ほど徴収されます。進級のたびに、鍵盤ハーモニカや絵の具、彫刻刀、リコーダーといった新たな学用品の購入も必要。パートの収入だけでは大変です。そんな小西さんが活用するのが就学援助です。

「就学援助は、学校でかかるお金をすべて賄えるわけではありませんが、本当に助かっています」

小西さんの場合、１５年度の受給総額は約2万円。それとは別に給食費が学校へ直接支払われます。

### ◆義務教育無償の原則に基づく制度

就学援助は憲法26条の「教育を受ける権利」「義務教育無償の原則」に基づく制度です。学校教育法19条は「経済的理由によって、就学困難と認められる学齢児童・生徒の保護者に対しては、市町村は、必要な援助を与えなければならない」としています。実施主体は市区町村です。

就学援助の対象は、生活保護が必要な「要保護世帯」と、これに準じて市区町村が定める「準要保護世帯」です。「準要保護世帯」は自治体によって異なり、住民税非課税世帯や児童扶養手当支給世帯、収入が生活保護基準の1・3倍以下などの世帯を対象にしています。

**2018年度の就学援助費補助金単価（年額）**

| 費用 | | 小学校 | 中学校 |
|---|---|---|---|
| 入学準備金（新入学児童生徒学用品費等） | | ４万 600円 | ４万7400円 |
| 学用品費 | | １万1420円 | ２万2320円 |
| 通学用品費（第１学年を除く） | | 2230円 | 2230円 |
| 校外活動費 | 宿泊なし | 1570円 | 2270円 |
| | 宿泊あり | 3620円 | 6100円 |
| 体育実技用具費 | 柔道 | — | 7510円 |
| | 剣道 | — | ５万1940円 |
| | スキー | ２万6020円 | ３万7340円 |
| | スケート | １万1590円 | １万1590円 |
| 修学旅行費 | | ２万1490円 | ５万7590円 |
| 通学費 | | ３万9290円 | ７万9410円 |
| クラブ活動費 | | 2710円 | ２万9600円 |
| 生徒会費 | | 4570円 | 5450円 |
| ＰＴＡ会費 | | 3380円 | 4190円 |
| 医療費（結膜炎、中耳炎などの指定された病気） | | １万2000円 | １万2000円 |
| 学校給食費（完全給食） | | ５万3000円 | ６万2000円 |

※文部科学省が示す要保護児童生徒援助費補助金単価です。自治体によっては支給されない費用もあります

文部科学省によると、15年度に就学援助を受けた児童・生徒は148万5086人、援助率は15・43パーセントです。

## 出産のときに受けられる支援とは?

「出産のときに、どんな支援が受けられるでしょうか?」。そんな疑問が、「お役立ちトク報」に届きました。妊娠から出産までに受けられる支援制度を紹介します。

### ◆約50万円が支給されます

「出産は経済的にも大変なイメージがあったけど、思ったよりもサポートがあり、大丈夫でした」。東京都中野区の坂中佳子さん(35)は初めての出産を振り返ります。2014年1月、女の子を出産しました。

妊娠が分かったのは前年の5月。産婦人科で、自治体に母子手帳の申請に行くことや、出産する病院を決めるよう教えられました。さっそく、中野区役所に妊娠届を提出し、母子手帳の交付を受けました。

夫が心配したのは、妊婦健診や出産準備などに必要な費用。しかし、妊娠届を出した際、健診には助成があり、出産に向けた無料の両親学級もあることが分かりました。

妊婦健診は、受ける検査によって窓口負担もありました。それでも千～2千円ほど。里帰り出産のため、実家のある福岡に戻ってからの健診は、領収書をとっておき、後で還付請求。合計8万円ほどの助成が受けられました。

出産費用は50万円ほどでしたが、加入している健康保険から出産育児一時金42万円が給付さ

## 各種手続きや支援制度

### ●妊娠判明

▷妊娠届

産婦人科で妊娠と診断。

妊娠届を自治体に申請し、母子手帳の交付を受けます。

本人確認ができる書類（免許証や保険証）が必要です。

### ●妊娠初・中期（妊娠判明から7カ月ぐらいまで）

▷妊婦健診スタート

妊婦健診は自治体によって差がありますが、総額で8万～10万円ほどの助成が受けられます。検査によって費用が変わるので、健診の公費負担を除いた窓口負担がどのくらいになるのか聞いておくと安心です。

▷職場の産休・育休の制度を確認

労働基準法では、出産前6週間と出産後8週間の休暇の取得が定められています。その他事業所ごとに制度があるので、給与が支払われるのかどうかを含めて確認を！支払われない場合は、産休の所得補償として加入している健康保険に出産手当金、育休の所得補償として会社の所在地を管轄するハローワークに休業給付金の請求をすることになります。

### ●出産間近

▷出産育児一時金を申請する

加入している健康保険から基本的に42万円が支給されます。

多くの病院で直接支払い制度を実施していますが、念のため確認してください。

### ●出産直後

▷出生届

出産後14日以内に、出生証明書を添付して自治体に提出。

れ、実際の窓口負担は約8万円でした。

坂中さんは「妊婦健診の費用も含め、私たちの場合は10万円ほどで出産できました。出産に関しては自治体もしっかり支援してくれる」と話しました。

### ◆「直接支払い制度」が便利――埼玉協同病院総合サポートセンター、社会福祉士・竹本耕造さん

妊娠から出産直後までにおこなう自治体への申請は、基本的に妊娠届と出生届の二つです。妊娠届を出すことで、妊婦健診の助成が受けられるようになります。妊婦健診は、14回まで無料化の動きが進んでいますが、各自治体の財政状況によって、一部窓口負担が必要になっています。

出産は病気ではないので、医療保険の対象外です。出産費用は、医療機関によって大きく異なりますが、多くは40万~50万円前後。その費用を助けてくれるのが、出産育児一時金の42万円です。

竹本耕造さん

出産育児一時金は、加入している健康保険に請求します。多くの医療機関には、簡単な同意書を書けば、代わりに手続きをしてくれる直接支払い制度があります。窓口で一時金との差額を支払えば済むことになり、とても便利です。出産をする医療機関に、直接支払い制度が使えるか聞いてみましょう。

生活が苦しくて健康保険に加入できず、出産費用も準備できそうにない人も、諦めないでください。住民税非課税世帯など一定の条件はありますが、低所得者の出産費用を全額援助する入院助産制度がありますので、自治体に相談してください。

## 認知症でも障害者手帳――税金、医療費、公共料金など負担減

認知症でも障害者手帳が取れるケースがあるのを知っていますか？　認知症の人は、障害者手帳を取ることで、医療費などさまざまな給付を受けられる可能性があります。認知症８００万人時代、患者や家族の方は必見です。

### ◆年約54万円負担減

「本当に助かっています」。そう話すのは、横浜市戸塚区の渡辺照子さん（64）。近くに住み、介護している父の定吉さん（１０３）は、２０１１年1月から認知症の治療を始めました。しかし障害者手帳を取ることができるとは知りませんでした。

定吉さんと妻の幸子さん（93）夫婦の収入は、国民年金とアパート３部屋の家賃収入。１カ月で17万円程度です。

# こんなに負担減!

精神障害者保健福祉手帳を持つと受けられる可能性のある主な福祉制度やサービス

*市区町村や事業者によって制度が大きく異なることがあります。詳しくは自治体でまとめた制度解説パンフレットや市区町村の担当窓口にお問い合わせを

## 税金 控除、減免 非課税

●所得税●住民税●自動車税
●軽自動車税●自動車取得税
●相続税●贈与税

## 住民税と連動する負担軽減

手帳取得で住民税が課税から非課税になると、引き下がる可能性があるもの

●介護保険料
●高額療養費制度の負担限度額

## 社会保障

●心身障害者医療費助成制度
（重度心身障害者医療費助成制度）
●自立支援医療
（精神通院医療費の公費負担）
●特別障害者手当

## 公共料金などの 免除、割引、助成

●ＮＨＫ受信料
お問い合わせは0570－077－077（ナビダイヤル）です。受付時間は午前9時～午後8時（土・日・祝日も受け付け）となっています

●上下水道料金
●電車・バス・タクシーなどの運賃
●公共施設の入場料
自治体の担当窓口にお問い合わせください

照子さんは「父は皮膚科や内科にも通院しています。デイケアや訪問看護、訪問介護を頼まないと日常生活もできない。医療費など家計は大変だった」と振り返ります。

そんなときに見たのが赤旗日曜版の「お役立ちトク報　認知症でも障害者手帳」（１４年8月24日号）の記事でした。照子さんはすぐに、信頼を寄せている医療生協・戸塚病院の医療相談室に電話しました。

照子さんは日曜版の記事を病院に持参。医療ソーシャルワーカーの洲脇裕香さんに記事を読んでもらい、認知症の父・定吉さんの障害者手帳を取るための手続きを進めました。

記事を実際に見たことで「照子さんが何をしたいと考えているのかが分かった。だから、すぐに診断書を書いてもらう予約を入れ、診断書を書く際に用意した方がいい書類についても伝えました」と洲脇さん。照子さんは、洲脇さんのアドバイスを受け、認知症の診断で使ったCT（コンピューター断層撮影装置）の画像や『お薬手帳』をそろえました。

照子さんは、役所で申請書を受け取り記入。14年9月、病院で出してもらった診断書と一緒に役所に提出しました。翌10月に精神障害者保健福祉手帳1級の交付が決まりました。手帳を取得したことで、事態は大きく変わります。

横浜市では、精神障害者保健福祉手帳1級を持っていると重度障害者医療費助成制度の対象になります。この制度は、外来の窓口負担が基本的にゼロになるというもの。定吉さんの場合、年間の医療費負担が約30万円減りました。さらに、住民税が課税から非課税になり、それに連動して夫婦2人の介護保険料もほぼ半額になりました。全体で年間約54万円の負担軽減につながりました。（表）

照子さんは語ります。「周りに認知症で困っている人がいたら、記事のコピーを送っています。相談するとき、うまく説明する自信がない人は、紙面を持って病院や役所に行くといいですよ」

**表　負担軽減の内訳（年額）**

| | |
|---|---|
| 医療費助成 | 約30万円 |
| 住民税非課税 | 6200円 |
| 介護保険料引き下げ | 6万8280円 |
| ＮＨＫ受信料の免除 | 1万5120円 |
| 上下水道基本料免除 | 1万8396円 |
| おむつ代補助 | 8万6400円 |
| タクシー利用券 | 4万2000円 |
| 合計 | **約53万6396円** |

## ◆気持ちに余裕が生まれた

「（赤旗日曜版の）記事の通りにやってみたら、本当に簡単に取れました」

こう語るのは横浜市に住む清水巨子《ひろこ》さん（82）です。夫の隆男さん（86）が前頭側頭型のピック病といわれる認知症。「物忘れ」が特徴のアルツハイマー型に対し、ピック病は「人柄の変化」が特徴です。

「人間が変わってしまって、言動を理解しようとしても訳が分からないし、混乱しました」と巨子さんは話します。

隆男さんは7年ほど前から突然、万引きをしたり、自宅前の幹線道路に飛び出したり、巨子さんに対して急に怒って迫ったりするようになりました。「おまえ（巨子さん）には介護してほしくない」と言ったかと思えば、「死にたい」と口にすることも……。

巨子さんは、専門書を見つけては読み、病気への理解を深めていきました。しかし、認知症が障害者手帳の対象であるとは知りませんでした。

「50年間連れ添った人が突然変わってしまったようになり、介護は苦労の連続。そんな中で目にしたのが、日曜版の記事です」

巨子さんは、日曜版「お役立ちトク報」（17年1月29日号）の記事にあったチェックリストで夫が障害者手帳を取れる可能性があることを確認。かかりつけ医に相談しました。医師は、障害者手帳を取れると知りながら、そのことを伝えていませんでした。

申請に必要な診断書を書いてもらい、役所へ直行。約１カ月後には、精神障害者保健福祉手帳１級の交付が決まりました。

手帳と同時に、重度障害者医療証とタクシー利用券（５００円×84枚・年間４万２千円）も届きました。これで、通院に必要な交通費と医療費・薬代の年間約12万円の負担が減りました。水道代も減免が受けられるようになりました。

「医療や介護の費用で生活費が削られていき不安でした。障害者手帳を取ったことで医療費の負担が減り、今は少し気持ちに余裕が生まれ、楽になりました。今後のことも少しずつ考えられるようになり、本当に助かりました」（巨子さん）

巨子さんは、知人にも日曜版の記事を紹介しています。その中の一人が、自宅まで来て、夫の髪を切ってくれる理容師の女性。母親が認知症です。女性は「私もやってみる」と喜んでいたといいます。

巨子さんは語ります。「認知症の介護で大変な人はたくさんいます。少しでも多くの人に手帳のことを知ってもらいたい」

## ◆診断の半年後から申請可能――うしおだ診療所・野末浩之さんに聞く

認知症で障害者手帳（精神障害者保健福祉手帳）を取ろうと思ったときのアドバイスを、うしおだ診療所（横浜市）の野末浩之医師に聞きました。野末医師は、同手帳を申請する際に必

野末浩之さん

要な診断書を書くことができる指定医です。

**Q1．認知症と障害者手帳はどう関係しているのですか？**

A．認知症は障害者手帳を認定する際の基準で、脳に何らかの変化があって起こる器質性精神障害の代表的なものとされています。

**Q2．認知症であれば、障害者手帳は必ず取れるのでしょうか？**

A．診断では、認知症によって、どれだけ日常生活が１人でできなくなっているかをチェックします。あまり見られませんが、まったく日常生活に制限がなければ手帳がとれないこともあります。

**Q3．手帳の診断を受ける際に家族ができることはありますか？**

A．認知症の場合、患者本人の話すことが正確でないことがよくあります。また、医師が診察室で患者をみて、生活状況を想像するのは非常に難しい。ですから私たちも診断書を書くときは、家族に状態を聞きます。その際、家族の方は、日常生活で困っていることを具体的に伝えてください。本人を前にして、できないことを言い立てるのは気が引けるかもしれません。そのときは後で、医師や医療ソーシャルワーカー、看護師に伝えてもらっても構いません。

**Q4．手帳の申請はいつからできるのですか？**

A．手帳を受けるためには、認知症と診断されてから6カ月経過して、障害の状態が続いている必要があります。認知症があれば、日常生活や社会生活で一定の制限を受けていると思いま

## 精神障害者保健福祉手帳　申請までの流れ

チェックリスト

### ①認知症の人の日常生活をチェック！

※認知症と診断されてから６カ月以上経過していることが必要です

できないときはチェック

- □バランスのとれた食事を準備し、食べられますか
- □洗面、入浴、着替え、掃除など身の回りをきれいに保ち、身だしなみが整えられますか
- □金銭管理や日常的に不自由なく買い物ができますか
- □医師の指示通りの通院や服薬ができますか
- □家族や知人、ご近所の方と適切な意思伝達や日常的な交流、トラブルなく過ごすことはできますか
- □身辺の安全保持や、事故・災害から自分で判断して身を守ることができますか
- □社会的手続きや一般の公共施設の利用はできますか
- □社会の動きや今まで好きだったことへの関心はありますか。文化的社会的活動への参加はできますか

●複数にチェックが入った人は、障害者手帳を受けられる可能性があります

●認知症の人が、1人で生活した場合を想定してください。家族などの援助があればできるときもチェックを入れてください

手順

### ②かかりつけの医療機関に相談

●各医療機関にある相談室には、社会保障制度に詳しい医療ソーシャルワーカーや職員がいます。紙面をもって行って、見せながら相談するといいかもしれません

●もし、かかりつけ医が診断書を書けないということであれば、厚生労働省が認める指定医を紹介してもらいましょう

### ③市区町村の役場に精神障害者保健福祉手帳の申請書をもらいに行きます

●申請は家族や医療機関関係者が代理で行うことができます

●ただ、申請書は認知症の本人が住んでいる市区町村のものをもらうようにしてください

### ④医師の診断を受け診断書を書いてもらいます

●医師に、日常生活で困っていることを具体的に伝えてください。困っていることをメモにして持って行くと伝え忘れがありません

●認知症の診断を受けた病院とかかりつけの病院が違うときは、CT画像や認知症に関わる検査の結果、『お薬手帳』などがあれば持って行くと医師は助かるそうです

### ⑤市区町村役場の窓口に申請します

必要なものは４つ

●申請書

●診断書

●印鑑

●本人の上半身の写真

申請1年以内に撮影し

裏に氏名と生年月日を記入

す。治療を半年以上続けているときは、一度、申請を検討してみてもいいと思います。かかりつけの病院の医師や、相談室にいる医療ソーシャルワーカーなどに相談してみてください。

## 「還付金があります」――その電話、詐欺です！

「○○の還付金があります。急いでATM（現金自動預払機）に行って手続きをしてください」――突然の電話をきっかけに、お金をだまし取られる「還付金詐欺」が後を絶ちません。気を付けたいポイントを紹介します。

### ◆「ATM操作して」と役所は言わない

都内に住む村上千代子さん（67）は2017年2月、還付金詐欺の被害に遭いそうになりました。「役所の職員A」を名乗る男から電話がかかってきました。

「昨年末に封筒を送ったが、返事がないので連絡した。払い過ぎた医療費を戻したい。3月になると戻せなくなる。取引銀行はどこか」

思わず信用して銀行名を告げた村上さん。男は「後で銀行から連絡がある」と言って電話を切りました。

約１時間後、今度は「銀行員」を名乗る男から電話がありました。「銀行窓口ではお金が戻らないので、銀行のカードと携帯電話を持ってデパート前のＡＴＭへ行くように」と指示されました。

村上さんはＡＴＭの前から「銀行員」を名乗る男に電話。言われるままに銀行のキャッシュカードを入れ、「お振り込み」のボタンを押し、言われた６ケタの番号などを入力しました。男は、村上さんの口座から自分たちの口座に振り込ませる手続きを指示したのです。しかし、操作が偶然エラーになったため、振り込まずに済みました。

村上さんは「わずか２万円ですが、お金が戻ってくるうれしさに、冷静さを失ってしまった。夫が外出中で、相談相手もいなかった」と振り返ります。

後日、役所を訪れた際、「役所の職員Ａ」と名乗る男は存在しないことも分かりました。

国民生活センターには、このような還付金詐欺に関する相談が寄せられています（グラフ）。95パーセント以上が60歳以上の人からの相談。

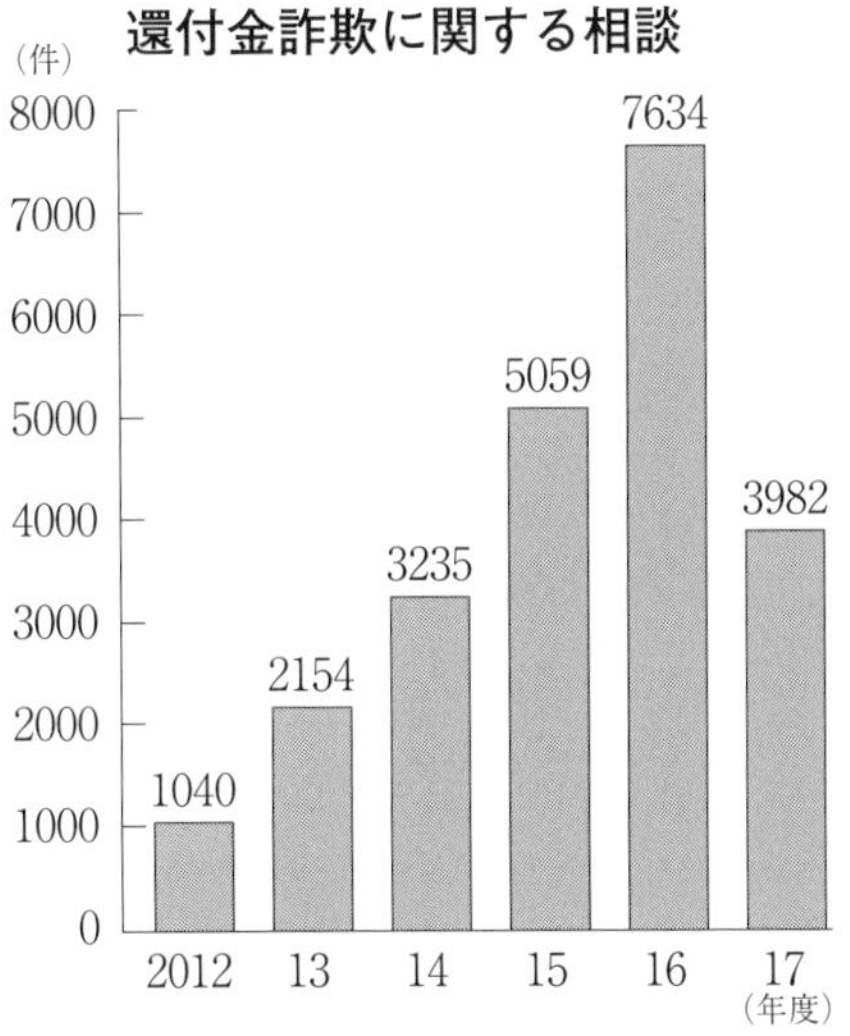

※「全国消費生活情報ネットワークシステム」調べ

**こんな場合は詐欺です**

| 電話の相手からの連絡・指示 | 詐欺の犯人の狙いは… |
|---|---|
| 役所や金融機関の職員を名乗り、電話、メールなどで**「還付がある」「払い戻しがある」**と連絡がある（１回〜複数回） | 役所や金融機関の職員を名乗り信用させる |
| **「口座がある銀行はどこか」**とたずねる | その銀行のＡＴＭに呼び出す |
| **「手続き期限が今日中」「明日まで」「期限が過ぎているが今なら間に合う」**などと話し、ＡＴＭに行くことをせかす | 冷静に考える時間、他の人に相談する時間を与えない |
| **「銀行窓口ではお金が戻らない」「○○のＡＴＭでは操作できない」**などと言い、特定の場所のＡＴＭを指定する | 人目に付きにくい場所のＡＴＭへ行かせれば、じゃまが入らない |
| 携帯電話から**「あなたの口座に還付金を振り込むので、『お振り込み』ボタンを押してください」「今から言う受付番号を押してください」**などと指示する | 自分の口座へお金が振り込まれると勘違いさせ、「お振り込み」ボタンを押させる。その結果、被害者の口座から犯人グループの口座へお金が振り込まれる |
| **「エラーの表示が出たのでもう一度手続きが必要」「配偶者の分も」**と操作を繰り返させる | 何回もだまして、お金を振り込ませる |

実際にお金をだまし取られた被害事例は３６１件にのぼります。

被害額は50万円以下が約５割、50万～１００万円が約３割、１００万円以上が約２割。ＡＴＭで数回操作をして数百万円取られた人もいます。

同センター相談情報部の稲垣利彦さんは強調します。

「ＡＴＭを操作して還付金が支払われることは絶対にありません。また、役所などの公的機関や金融機関の職員がＡＴＭの操作を行うよう連絡することも絶対にありません」

消費者へのアドバイスとして、

『還付金が戻ってくる』との電話があったら相手にせず、すぐに切ること。再度、かかってきても相手にせず、切りましょう」と話します。

税金還付の申告をしたなど心当たりがある場合――。「突然かかってきた電話の相手が伝える番号には、決して、電話をしてはいけません。自分で役所の代表番号を調べて電話をかけ、還付金の確認をしてください。役所の番号が分からない場合は、消費者ホットライン『１８８』番か警察相談専用電話『＃９１１０』番へ電話してください」（稲垣さん）

## 還付金詐欺にだまされない！
# 五つの心得

- ＡＴＭを操作してお金が返ってくることは絶対にありません
- 役所や金融機関の職員がＡＴＭの操作をするよう連絡することは絶対にありません
- 「お金が返ってくるのでＡＴＭに行くように」との電話は還付金詐欺なので、すぐに切る
- 電話してきた相手が指定した電話番号には絶対に電話をしない
- 電話があったら家族や近所の人などに相談を。または、消費者ホットライン「１８８」（局番なし）、警察相談専用電話「＃９１１０」へ

コピーして電話の近くに

## 困ったときの連絡先一覧

| | |
|---|---|
| 年金記録 | 「ねんきんダイヤル」 ☎0570(05)1165<br>050で始まる電話からは ☎03(6700)1165 |
| 障害年金 | 「障害年金支援ネットワーク」（無料電話相談）<br>☎0120(956)119 |
| 納税緩和措置 | 全国商工団体連合会 ☎03(3987)4391 |
| 差額ベッド料 | 地方厚生（支）局（全国8カ所）<br>・北海道厚生局（札幌市） ☎011(709)2311<br>・東北厚生局（仙台市） ☎022(726)9260<br>・関東信越厚生局（さいたま市）☎048(740)0711<br>・東海北陸厚生局（名古屋市） ☎052(971)8831<br>・近畿厚生局（大阪市） ☎06(6942)2241<br>・中国四国厚生局（広島市） ☎082(223)8181<br>・四国厚生支局（香川県高松市）☎087(851)9565<br>・九州厚生局（福岡市） ☎092(707)1115 |
| 無料低額診療事業 | 全日本民主医療機関連合会 ☎03(5842)6451 |
| B 型肝炎 | 全国 B 型肝炎訴訟原告団・弁護団<br>(東京法律事務所) ☎03(3355)0611 |
| 高額葬儀トラブル・還付金詐欺 | 国民生活センター消費者ホットライン<br>☎188（局番なし） |
| 生活保護 | 全国生活と健康を守る会連合会<br>☎03(3354)7431 |

新《しん》・お役立《やくだ》ちトク本《ほん》——すぐに使《つか》える社会《しやかい》保障《ほしよう》活用術《かつようじゆつ》

2018年10月30日　初　版

著　者　しんぶん赤旗
日曜版編集部
発行者　田所　稔

郵便番号　151-0051　東京都渋谷区千駄ヶ谷4-25-6
発行所　株式会社　新日本出版社
電話　03（3423）8402（営業）
03（3423）9323（編集）
info@shinnihon-net.co.jp
www.shinnihon-net.co.jp
振替番号　00130-0-13681
印刷・製本　光陽メディア


ISBN978-4-406-06286-2 C0036　Printed in Japan